用旅行教出自主學習的孩子

作者◎歐韋伶

Let's go !

太雅

目錄Contents

Part 3

結束旅行後
的回饋與引導

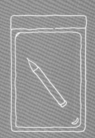

Part 4

親子旅遊
注意事項

作者序

愛因斯坦曾說過：「興趣是最好的老師」。

瑞士兒童心理學家皮亞傑也說過：「所有智力方面的工作都要依賴於興趣」。

興趣是引發求知欲最好的催化劑，當有興趣時就有動機、有動機時就有求知欲，可以讓孩子產生無限的動力、專注力與學習力，促使孩子在期待中主動自發性的學習。

於是，透過帶孩子「出去玩」的學習良機，與孩子一起享受親子旅行的前、中、後各個階段的體驗，踏踏實實的實踐了完整的親子旅遊。

我們從旅行前的行前參與、旅行途中的體驗和旅行結束後的體會餘韻，讓孩子在滿懷著期待的心情主動學習，並在過程中了解孩子、引導孩子學習並獲得樂趣與更緊密的親情，結束後並把所見、所聞、所學的融入在生活中，一起累積持續著這會記著一輩子的旅行回憶。

本書對於親子旅遊提供更深層的新思維，有系統的提供爸爸、媽媽一套實用且完整的親子旅行實踐方式，可以依循著本書與孩子一起規畫旅行、從旅行中得到經驗與知識，並融入在生活中，帶給家長與孩子更深遠長久的內化成長。

親子旅行不只是吃喝玩樂，還可以更有意義、更有深度，親子間從玩旅行、學知識、體驗人生，進而讓生活更精采豐富；旅行雖然是一時，但回憶與影響卻可以是一輩子的！

歐韋伶

※本書裡所提到的自製教材，都是作者當初在設計課程時，從網路上搜尋相關適合與孩子互動的圖片來製作成教材，並列印出來與孩子互動，目的是為了讓孩子在出發前能夠對整趟旅行有一個完整的認識。

作者簡介／歐韋伶

　　三個兒子的職業媽媽，在家庭、學校與工作之間奔波忙碌打轉著。

　　熱愛攝影、美食與自助旅行(尤其是歐洲)，喜歡帶著孩子們上山下海親近大自然。

　　有著異於常人的旅行規畫能力，藉著自助旅行讓親子共同成長、學習自主獨立，並將旅行融入日常生活中；將會持續拎著孩子環遊世界累積影響一生的收穫。

　　曾接受《媽媽寶寶》雜誌「人氣媽咪部落客」單元專訪、獲得中時部落格嚴選優格與全球華文部落格大獎(年度最佳親子家庭部落格)決選入圍。

Part

1

親子旅遊的
行前參與教戰術

帶孩子一起high的 行前參與探險！

完整的親子旅遊，成功！

近年來，網路資訊的快速流通，讓國人出國旅遊的風氣更盛以往。許多喜歡自主、自由的年輕朋友，紛紛選擇加入背包客的行列，出國自助旅行。由於這些人結婚前出國，多採取自助旅行的方式，當他們結婚生子，往往也比較願意帶著小孩一起去國外旅遊、經歷見聞，這就是近來旅遊界方興未艾的「親子旅遊」。

一般人認為，只要是帶孩子出國就可以算是「親子旅遊」。但我認為真正「完整的親子旅遊」應該要包含孩子的行前參與、旅行途中體驗和旅行結束後的餘韻體會。

旅行前──引領孩子一起行前參與

從決定要帶孩子出國自助旅行開始，帶著孩子一起投入準備旅行的行列，透過各種不同的工具與方式，與孩子一起看地圖、一起看書、一起畫畫、一起討論，藉著即將要出國旅行的興奮及期待，引發出孩子的求知欲，讓孩子主動的投入學習各種不同領域的知識，而家長還能在這段準備的過程中，多方觀察孩子比較感興趣的領域，彼此再做更深入的討論與學習。

旅行中──體驗旅行途中的各樣經歷

帶著孩子在異國生活，體驗與台灣不一樣的人文、風景與國土民情，讓孩子拿著指南針看地圖找景點、拿著自己的車票打票，或是提著購物袋到超市採買等等，搭配行前參與的內容實際造訪，可以讓行前學習能用親身遊歷加強體會；也因為他們在行前參與、準備，孩子對於旅遊的國家有基本的認識與了解，使得他們能很自在自信的與當地所碰到的人聊天玩耍。

即使是下雨的天氣，孩子們也
能自己找樂子玩耍

旅行後──體會旅行結束後的生活餘韻

旅程結束後回到家，是這段旅行繼續發酵的開始。

不管是書籍閱讀、玩具教具、生活還是在國內旅行，讓孩子在學習與體驗的環境下繼續延續這個獨特感受，讓旅行的種種，透過回憶與知識，內化在孩子心中。

看到「完整的親子旅遊」，你會不會就因此而退避三舍呢？然後，想說帶孩子出國自助旅行就要準備很多、擔心很多了，幹嘛不簡簡單單、開心、輕鬆的玩耍就好？我為什麼要搞這麼複雜、這麼累！

行前參與使親子旅行記憶深刻

人類對於回憶的深刻記憶，不在於好或是不好，而在於這份記憶的精采程度。即使這個精采記憶是令人不愉快的，但留存在我們的腦海中的印象會比較深刻、比較長久。就好像我前幾年去希臘的14天自助旅行。想到這段旅遊，首先映入我腦中的，竟是在雅典捷運站轉車時看到隔天臨時要罷工的告示。然後，我在驚嚇之餘，怎麼做緊急應變，並在很短的時間內決定更改行程、更改住宿，以便讓整段旅行順利進行。當時，我很冒險的在車站現場臨時訂車票，搭了近5個小時的火車抵達邁泰奧拉天空之城（Meteora），到當地已是晚上9點的夜晚，而我永遠也忘不了當時邊走邊找路邊住宿旅館的刺激情節。

這次旅行的深刻經驗，引發我想和孩子創造彼此共同的一輩子旅遊回憶。於是，我就想，為何不與孩子一起完成「完整的親子旅遊」，讓旅行化為學習，讓這些回憶更深植在彼此的心中。

🍃 期待，讓孩子的學習效果更好

當孩子知道即將要出國玩時，他心中的期待感絕對不亞於大人。因為，大人還可能因為機票票價太貴、訂不到理想價位及位置的住宿、行程安排難產等種種原因，進而對旅行心生疲憊或倦怠；但小朋友可不會，他一心只會想著：我要出國玩了！他們會因此一直處在亢奮歡樂的狀態下，此時的孩子多半有著強烈的學習動機，爸媽給予這趟旅行有關的資訊，他們統統都可以吸收得很好，爸媽講什麼、要求什麼，孩子的配合度也都很高。

而這個狀況，正好是孩子和爸媽一起完成「完整的親子旅遊」的最佳動力！

大家不要有旅行就是去玩，談學習太多餘等先入為主的想法。說壓力大，其實並沒有，說沉重，我更是一點也不覺得。以我和我的孩子Ryan的出遊為例，我並沒有打算給Ryan多深入、多複雜的知識，我們反而在行前參與準備階段，兩人討論了許多議題、玩了許多遊戲，也讓我們親子之間有著更多相同的話題，不但增近了親子感情，而且也因為彼此有共同目標而積極前進。

「有期待的時候，學習效果最好」，當我們在台灣拿著指北針，學習如何看方位、看地圖，然後想著到時候我們一家就會親身站在地圖所標示的旅遊地上，那種期待與興奮的感覺，可以激發出孩子對旅行學習的專注力與學習熱情！

所以，此時當然要好好把握與孩子一邊學習、一邊旅遊的大好機會！

與地圖搭配一起學習，認識東西南北及如何安排行程

行前參與前，爸媽需要準備什麼呢？

看了我所說與孩子在旅行之前先完成行前參與的原因，你有沒有開始摩拳擦掌、躍躍欲試呢？但是，在行前參與這個階段，當父母的我們應該如何著手？要怎樣預做準備，才能讓行前參與發揮效果呢？

接下來，請一步一步STEP BY STEP跟著我的腳步，開始吧！

STEP1　父母需先吸收相關知識

準備自助旅行，不只是安排行程、訂旅館、研究交通路線而已，我們還要從歷史、人文、藝術、文化、建築等各種領域去認識這個國家及這趟旅行。在準備這趟義大利親子自助旅行的7個月中，我選書、看書的範疇相當廣泛，除了基本的工具書或遊記資訊書外，我還看歷史、藝術、建築、文學等等各類書籍，從開始準備到出發前，我總共看了六十多本與義大利有關的各領域書籍。

當我們每天忙工作、忙家庭、忙小孩，忙到沒時間灌溉自己的心靈時，這時候，我們卻可能因為自助旅行而多涉獵一些平時不會接觸的書籍領域。原本不喝咖啡的我，開始喝咖啡(淺嘗＆品嘗)，不會喝酒但看酒類書(要去參觀酒莊至少要有基本知識吧！)。這正是擴展自己視野的好機會，不但在這段時間的密集閱讀，同時也帶著孩子一起看、一起讀(我也帶著Ryan借了與義大利有關的童書)。唯有當父母多看書、多涉獵各領域知識，也才能通盤的篩選適合孩子的學習內容。

從開始準備到出發，我總共看了有六十多本與義大利有關各領域的書

自己設計簡單教材，與孩子
互動，更能增進親子關係

STEP 2　篩選孩子適齡的學習內容

不同年齡層有不同的學習方式及內容。親子互動可以玩的內容
與深廣程度也有所不同，當我們做父母的已有所準備，就能針對
孩子的年齡及興趣，規畫最適合他的學習切入點，讓他開始有感
覺，就能產生興趣，甚至共鳴！當彼此有共鳴，記憶就會深刻，
在未來的人生道路上，孩子都將被這趟旅行的經歷深切影響著。

「完整的親子旅遊」我以Ryan這個6歲左右的孩子為發想對象，
挑選內容、設計學習方式，如果是比Ryan還小的孩子，就建議往
更簡單輕鬆的題材玩耍，如果是比Ryan大的孩子就應往更複雜的
題材規畫，並交付他深入的工作去做吧！

STEP 3　準備輔助的教材與教具

在多方涉獵各領域知識，並篩選適合孩子的學習內容之後，
身為家長的你，就面臨如何將這些資料轉化成與孩子行前參與的
內容。

因為我不建議孩子太早或太常接觸如電腦、iPad之類的電子產
品，所以寧可自己設計教材，並自行印出使用。然後，再搭配其
他教具或物品讓學習內容更有趣，例如：使用蠟筆、彩色筆、剪
刀或色紙，讓孩子在學習後透過自己的眼光及角度畫出他的想
法，或是學習如何使用指南針看方向看地圖；或是帶著孩子查詢
字典或百科全書去尋找所需要的知識。

利用各種豐富的教材教具來讓孩子更加投入，在遊戲玩耍中學
習、記憶，並從中找出自己特別感興趣的領域或學科。

行前參與前，需幫孩子準備什麼呢？

當爸爸、媽媽如火如荼的展開行前參與前的準備工作時，孩子們可不能像是跟他們無關一樣的袖手旁觀，或是只是想著要出國玩而已。親子旅遊是全家的活動，是全家人一起完成的回憶，如果孩子能在一開始就加入，一起參與討論及互動，讓他對行程及內容有一定的了解，這樣在整個完整的親子旅遊進行過程中，孩子也才能更投入、配合，更理解、成長、成熟。

行前參與讓Ryan期待著每一個行程，並更快速的投入每一個導覽

STEP 1　先為孩子做好旅行的心理建設

帶孩子出國，我們常看到的就是以孩子為主的行程安排。雖然孩子的喜好很重要，但出國旅行也是生活的一種方式，只是把呼吸、吃飯這些事，搬到不同的國家進行，要讓孩子們知道：這個世界，爸爸、媽媽及周遭的人並不是繞著他們打轉的，同時孩子也必須知道，帶他們出國的爸爸、媽媽或其他旅伴很辛苦地安排行程及打點生活。因為，光是準備親子旅行，讓整個行程順利進行完成，父母親已經為此花費不少心力，身處國外，不是只有孩子想玩、想吃，同行可能還有其他家人、同伴的需求需要照顧。

不要讓孩子誤以為親子旅遊是以他們為中心的旅行！

行程準備的最初，父母最好先跟孩子溝通，讓孩子了解旅遊行程及共同參與的同伴需求，以致他們可以有同理心地對待別人、照顧自己。因為當孩子有這樣的共識參與親子旅行，最後安排出來的行程，將會是大人小孩都喜歡的最適合行程。

STEP 2　啟發孩子好奇的求知欲

相信你與孩子討論出國旅行時，一定是充滿著要出去玩的憧憬

與期待。這股期待的力量，請適當地引導孩子轉換成對新事物及新知識的求知欲望，讓孩子知道，旅行不只是玩，還可以藉此發現新事物！

在與孩子聊天時，請盡量選擇孩子有興趣的話題，讓他們想再多了解一點，也可以從中挑選出適合做行前準備的題材。當孩子有自發主動的學習意願時，將為這趟旅行增添豐富知性的動力。

STEP 3　保持愉快及放鬆的心情

一旦開始了親子旅遊規畫計畫，接下來你們就要從各種不同領域去認識及經歷這趟旅行。唯有保持愉快的心情、OPEN MIND的接收資訊，大家才能依循著行前準備工作，從旅行途中到旅行結束，經歷不同時期的各項體驗，並一起共同完成這個可以記得一輩子的旅行回憶。

介紹完以上的旅行前置準備工作，接下來，你應該迫不及待地想要開始規畫了吧！

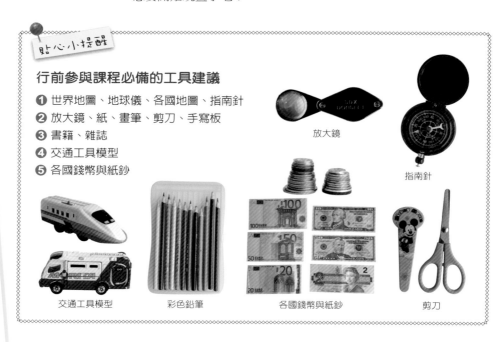

貼心小提醒

行前參與課程必備的工具建議
① 世界地圖、地球儀、各國地圖、指南針
② 放大鏡、紙、畫筆、剪刀、手寫板
③ 書籍、雜誌
④ 交通工具模型
⑤ 各國錢幣與紙鈔

放大鏡

指南針

交通工具模型　　　彩色鉛筆　　　各國錢幣與紙鈔　　　剪刀

要如何設計行前 參與的課程呢？

當你進行前置準備時，往往會發現，當我們準備得越充分，行前參與課程的輪廓就會越清晰。

親子自助旅行，其實並不適合將全部行程內容都拿來預做行前參與的。父母親除了依照孩子的年齡、個性及喜好而有所取捨內容規畫外，有些經驗需要孩子親身體驗，並保留給他們自己去發現、去體會，然後才能幫助他用自己的角度去認識這趟旅行。因為，只有自己看過、走過、摸過，那種記憶才會深刻。

簡單來說，規畫適合親子間進行行前參與的課程內容或互動主題，首先必須先收集好旅遊地的所有資訊及資料，同時要將這些資訊有系統的歸類、設計，如何將它轉化成親子旅遊的課程，可以掌握的訣竅建議如下：

從喬托鐘塔俯瞰聖母百花大教堂與市區的視野

STEP1 將所有的資料分類整合

先將所有的資料做適當的大分類，最簡單的就以學科來做分類，如地理、歷史、人文、藝術、語言、自然科學等等，這只是讓我們好做區分歸納整理，不需要讓孩子去記得這幾些分類的名稱，沒有意義。

舉例來說，你可以將旅行國家的地理位置與世界地圖搭配，這就是地理；當你根據資料敘述一間教堂的故事源由，這就是歷史；當你介紹旅行國家的節慶風俗時，這就是人文；當我們引導孩子如何去看一幅畫時，這就是藝術；當我們教導或與孩子一同學習旅行國家的語言問安時，這就是語言；其他如旅遊地區的氣候變化、山形地勢，自然科學也就被自然地介紹、運用了。

所以，首先必須將資料分類好，才能有系統的往下一層進行。

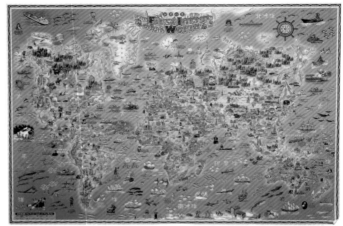

在我們家牆上，貼上一張世界地圖頗富童趣，也方便孩子隨時隨地學習

這是我幫Ryan設計的教材，與他Feedback給我的回饋

STEP 2　資訊研讀應邏輯性的由大至小

這個邏輯原則主要用在地理類。

要前往一個國家首先要知道它的地理位置。像它是位在世界地圖中的哪一個區塊，這就是大範圍；然後，我們再由世界地圖延伸出去，找出它是位於歐洲還是亞洲？是美洲、非洲還是大洋洲？當孩子了解各大洲的地理後，繼續用放大鏡去把這個國家找出來；最後再與孩子一起認識這個國家的各個城市及地理位置。

這麼做，主要是讓孩子能從旅遊國家出發，先由宏觀的角度帶孩子由大範圍(世界地圖)認識到小範圍(旅遊國家的地圖)來看世界。希望能藉此讓孩子的視野更寬更廣，培養世界觀。而且如此系統性認識旅遊地的地理位置，接下來當我們與孩子一起討論行程的安排時，也比較有概念哦！

另外，如果想再深入認識旅遊國家，你也可以從歷史的角度，用說故事的方式分享。一般來說，一個國家的歷史不會只限於該國，一定會與鄰國甚至與世界有關係。從歷史的觀點認識即將前往的旅遊國家，除可吸收前人的經驗與智慧外，旅行，對孩子往後的人生意義將不僅是玩耍而已。

STEP 3　從旅行城市挑出重點建築

每個國家都有其具代表性的建築。就像義大利的羅馬競技場、希臘的雅典衛城、法國的艾菲爾鐵塔、印度的泰姬瑪哈陵、美國

澳門八景之首的澳門大三巴

的自由女神像、澳門的大三巴等等，一看到這些建築，我們就可以馬上聯想到是它是在哪個國家。因此，在設計行前課程時，當然要挑出這些重點建築，再依孩子的年齡給予適合的內容。

只是，挑旅行國家的重點建築，我們可能會面臨數量太少，而且較難與行程連結的問題，所以我建議是以「旅行城市」的範圍來挑重點建築。也就是在每個旅行的城市裡都埋下伏筆，讓每個城市都有令孩子期待的亮點。這除了可以讓他們從各種角度認識建築之外，而且能培養孩子的觀察力及美感，還能在旅行中製造許多驚喜與歡樂。

作為孩子誠實寓意教材的義大利羅馬真言之口

STEP 4　景點選擇

1. 選擇具啟發性的景點

在選擇景點與孩子分享時，可特別挑有啟發性的景點，利用實際的景點(可能是某一棟建築或雕像)帶出背後的故事或寓言。利用旅行途中須停下腳步欣賞的景點，對孩子來說是完全不一樣的學習方式，通常孩子都能很快的吸收，而且印象深刻。

羅馬競技場宏偉壯觀

例如羅馬的真言之口(Mouth of Truth)，因為在電影《羅馬假期》的加持下，遊客絡繹不絕，只為了拍照合影，但電影中所帶出的台詞因為隱含了應「發自內心誠實以對」的寓意，對於仍然懵懵懂懂的學齡兒Ryan來說，意外的讓真言之口的影響力從行前到旅行途中，甚至是結束旅行後的日常生活中繼續發酵，做個誠實的孩子。

離眾神最接近的希臘雅典衛城

2. 選擇與動物相關的景點

大多數孩子都喜歡動物。他們與動物的互動輕鬆、自然。像我們常常在路上可以看到單純的孩子與貓狗天真的玩耍。而與動物有關的事物總是比較吸引孩子的注目。因此，在選擇旅遊景點時，可以多留意有沒有與動物相關的景點，即使只是個雕像或圖畫，例如義大利的金豬噴泉(Fontana del Porcellino)、德國不來梅的音樂家雕像(Die Bremer Stadtmusikanten)或是在日本北海道的旭山動物園與企鵝一起散步，這些地方或景點都容易讓孩子印象深刻！

可以帶來好運的義大利金豬噴泉

為孩子的行前參與，設計課程內容

　　這篇要來跟大家介紹的是完整親子旅行第一部的實際操作。而這也是我實際設計後，並實地施行的行前參與課程內容。本篇將以前往義大利自助旅行19天為例，從地理、自然、藝術、建築、美食、語文與繪本等7個類別，與我6歲孩子Ryan一起玩旅行、玩知識、玩美學、玩生活的經驗分享。

地理篇

🌱 旅行前，首先要知道該國的地理位置

　　通常我們在準備自助旅行時，首先要知道該國的地理位置，是在亞洲、歐洲還是美洲，地理位置也就成為了親子參與課程的第一堂課。

　　設計這堂課，首先挑選幾張適合的地圖當作教材，從世界地圖、旅行國家所屬的洲別地圖到旅行國家的地圖，這樣遁序漸進由大視野到小範圍城市的推進，再搭配使用畫筆讓孩子投入在課程中，讓他得以邊學習、邊玩、邊畫，也無形吸收了知識。

　　當孩子吸收了這些知識後，在旅遊途中，他就能有概念地和大人一起參與旅行。就拿搭飛機為例，Ryan知道我們在桃園國際機場上機後，在飛機的飛行途中會在印度新德里停留加油，然後再直飛義大利羅馬FCO機場。由於，Ryan上過行前參與課程，對地理、行程全然清楚，也因此他搭飛機完全不吵不鬧，配合度高。

利用世界地圖，與孩子討論即將出遊的城市，還可認識國與國之間的相對位置

一起認識義大利地圖，先在地圖上把行程走一遍看看有沒有順暢

教學大綱

　　為了讓Ryan認識世界地圖，搭配學習使用指南針，在我們全家人睡的和室牆上就貼有一張富有童趣圖畫的世界地圖，好讓他知道台灣與義大利在世界地圖的正確位置，進而培養孩子的世界觀。

教學內容

1. 認識世界地圖

　❶ 台灣(Taiwan)在哪裡。

　❷ 義大利(Italy)在哪裡。

　❸ 五大洲與南北極的區域。

　❹ 五大洲人種的分布。

　❺ 飛往義大利的飛行路線。

2. 認識義大利在歐洲的位置

　❶ 請孩子用畫筆畫出義大利在哪裡。

　❷ 看一看，和孩子討論義大利國土長相像什麼。

3. 認識義大利

　❶ 與孩子討論我們旅遊的城市。

　❷ 標出旅遊城市討論路線順序。

　❸ 討論各城市會搭乘到的交通工具。

> **貼心小提醒**
>
> 　文不如表、表不如圖，這是讓孩子感興趣的首要技巧。

我認識世界地圖，而且還可以正確的圈出五大洲哦

請孩子從歐洲地圖中畫出旅行國的位置

為孩子準備一個指北針，出國時記得要給孩子帶在身邊使用哦

與地圖搭配一起學習，認識東西南北及如何安排行程

Ryan畫的台灣-義大利飛行航線圖(右上還有個可愛的飛機哦！)，這張充滿著童趣筆觸的飛機航班路線圖令身為媽媽的我愛不釋手

這是Ryan在參加姑姑喜宴後，自動自發找出瑞典國旗所畫的作品

Ryan在羅馬的馬喬雷聖母教堂外地上發現與梵蒂岡國旗相似的圖樣

在學習的過程中，帶著雙胞胎弟弟們全家參與，連弟弟們都認得各國國旗了呢！

🌿 國旗的長相也是討論的教材

另外，認識一個國家，除了要知道該國的地理位置，代表該國家的國旗也是可以跟孩子討論的絕佳教學素材。我們可以跟孩子聊聊國旗上的配色及其代表的意義，然後請他用蠟筆畫出來；像是梵蒂岡國旗，需要細心的觀察與描繪，這會讓孩子牢記在心裡，並舉一反三。Ryan在義大利羅馬的馬喬雷聖母教堂(Basilica di Santa Maria Maggiore)前的地上，就發現很相似的圖樣，能因此他學會用不一樣的角度觀察這個世界，真棒！

回台灣後，Ryan自己拿《國旗小百科》出來畫其他家國家(連國名及首都都寫了)，還因為參加了姑姑與瑞典籍姑丈的婚宴，自己查資料認識瑞典這個國家與地理位置。給孩子一根釣竿，他自己可以釣更多的魚！

教學大綱

讓孩子練習自己找資料，學習如何像查字典一樣查《國旗小百科》，並藉此認識台灣、義大利及梵蒂岡國旗。

教學內容

1. 從世界國旗小百科查詢台灣與義大利、梵蒂岡的國旗長相
2. 用畫筆畫出台灣、義大利、梵蒂岡的國旗長相，並從中認識該國首都、面積、人口等相關知識

請孩子從世界國旗小百科找出國旗並畫出來

歷史建築篇

🌿 實地景點參訪，認識相關知識

從代表性建築談歷史故事、建築架構(羅馬競技場、聖彼得廣場、老橋、比薩斜塔)。

義大利是歐洲古老國家之一，擁有悠久歷史與文化，在中古世紀更是歐洲文藝復興發源地。與世界上許多國家一樣，義大利半島經歷占領別國與被別國占領、瓜分的歷史，還有不同宗教的相互糾結，最後終於組自由民主的義大利共和國，但仍留有分別為梵蒂岡、聖馬利諾(San Marino)、馬爾他騎士團等獨立的三小國。

擁有著這樣悠遠且多變的時代背景，義大利這片土地上留下了無數前人歷史的痕跡，而這些歷史也給後代世人無數的珍貴遺產。透過歷史建築標的與孩子一起拜訪城市，而後藉著城市建築說故事、說歷史、說風格，希望能讓我們在牽著孩子的手拜訪旅遊當地時，我們及孩子透過已先做過功課的建築，會有深入且不一樣的理解與體驗。

預演一下要怎麼跟比薩斜塔拍照

教學大綱

藉旅行的實地經驗，篩選適合孩子的建築，與孩子在說故事、聊建築中，讓他接觸歷史與建築類之知識，間接培養美感能力。請注意選擇時避免過度集中在同一區或同一城市，因為這樣才能在旅行途中每一個造訪城市都有可以學習與討論的伏筆與亮點哦！

透過圖片與書籍，我們一起討論著羅馬競技場的建築

教學內容

1. 認識建築、討論由來與用途

建議選擇知名的建築。如：羅馬羅馬競技場、梵蒂岡聖彼得廣場、佛羅倫斯老橋、比薩斜塔。

2. 用畫筆畫出這些建築

畫一畫佛羅倫斯的老橋(請注意Ryan用黑筆畫的人是指黑人遊客)

自然篇

🌱 探討地球自然現象與構造

我們一起討論火山爆發，這可是Ryan最愛的議題呢

義大利這個國家，最適合拿來作為自然科學題材，並且能吸引孩子注意的，莫過於龐貝(Pompeii)與維蘇威火山(Vesuvio)了。

通常前往南義大利旅行(不管是自助還是跟團)，一般都會安排到南義拿坡里(Napoli)近郊的龐貝城遊覽。在解說行程的過程中，歷史悠久的龐貝城通常會花很多時間及篇幅介紹。當然，一千多年前的古人智慧值得我們參觀討論，但別忘了造成今天龐貝廢墟的始作俑者──維蘇威火山，也非常值得與孩子一起探討呢！

這個景點，我們可以從西元79年8月24日那天，龐貝城居民的世界末日談起，從為什麼維蘇威火山會爆發、火山爆發的形成與現象、活火山與死火山的差異，到認識地心的構造等，當我們感傷這個高度文明的古城被滅城同時，我們也可以藉此，讓孩子認識地球的自然現象，甚至是地心，這是堂有趣生動的自然課呢！

教學大綱

藉著我們會實地造訪龐貝城與維蘇威火山的旅遊期待，讓Ryan先認識龐貝城與其滅城原因，進而一起探討火山及地心的地球自然現象與構造。這是一堂針對孩子對自然學科認識的好開始，而這堂課我與Ryan討論得超熱烈哦！

↑Ryan正在畫火山爆發的情形
→Ryan還很細心的畫上火山泥漿是怎麼流動的

教學內容

1. 認識龐貝城

❶ 看看龐貝城的實景與復原照。

❷ 討論龐貝城的地理位置。

❸ 討論龐貝城消失的原因。

2. 認識火山爆發

❶ 火山爆發的形成。

❷ 活火山與死火山的差別。

❸ 用畫筆畫火山。

3. 認識地心

❶ 認識地心。

❷ 想像地心是什麼樣子，請孩子畫出來。

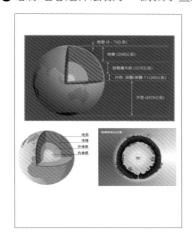

因為行前參與的課程，讓Ryan在寫學校作業時，挑選了他最感興趣的火山相關的書籍，然後畫出自己想像的火山

藝術篇

🌱 藉由說故事了解雕像、名畫

Ryan正在研究我幫他挑的幾個
雕像，要好好的記在腦海裡，
到義大利時可要認真找啊

　　雖然美感美學無法對孩子的課業有立即的幫助，但是如果對美感、美的事物敏銳，當他們看到一切美的事物時，那種興奮與快感，可以讓人的身心靈獲得滿足。在漫漫的人生長路，我相信這樣子的人，往往擁有比別人強的自我調整能力，而這些學習經驗與親身體驗，就會讓孩子提升美感及人文素質。

　　義大利好像一座聚藏寶物的山。對於在義大利待上19天的我們，如果入寶山空手回，那實在是太浪費且太令人扼腕了！

　　在我的行前參與設計課程中，這篇藝術篇是神聖且具有一定重要分量的內容。義大利，這個歐洲文藝復興重鎮，它的藝術人文實在有太多可以觀賞學習的地方，所以我花了很多功夫選擇適合孩子，且不失其代表性的目標標的。當然，能引起孩子注意力最重要，接下來就是要引導孩子一起沉浸在義大利的藝術殿堂中，讓孩子學會如何欣賞並感受美的事物，培養孩子的美感，這是門很重要的美學課。

　　這趟去義大利，我們看到滿街都是古蹟、滿地都是藝術，不過我認為不是只有義大利如此，每一個國家都有自己獨特的藝術風格，端看旅人有沒有用心去發掘、體會了！

教學大綱

藉著旅行的實地經驗，篩選適合Ryan的雕像及名畫，與孩子在說故事聊藝術中，培養美感的鑑賞力，並利用「躲貓貓」找景點的方式，讓孩子更投入旅行。

教學內容

1.與藝術「躲貓貓」

讓孩子看我事先挑選過的雕像及名畫的照片，彼此討論其外觀及背後故事、意義，告訴他這些雕像及名畫在義大利，請他屆時在旅行時要幫忙找到！

❶ 建議雕像：羅馬蜜蜂噴泉、羅馬真言之口、佛羅倫斯金豬噴泉、佛羅倫斯大衛像、米蘭杜林公牛地磚像。

❷ 建議名畫賞析：米開朗基羅《創世紀》、波堤切利《春》

2.與藝術「玩畫畫」

請孩子挑1～2個特別感興趣的雕像或名畫，用自己的筆觸畫出來，加深印象，並可以從中觀察孩子的喜好、領悟。

Lesson1：讓孩子看過以下這些雕像的照片，告訴他這些雕像藏在義大利行程裡，在旅遊時請他找找看

Lesson2：讓孩子看過以下這些繪畫的照片，告訴他這些繪畫藏在義大利行程裡，在旅遊時請他找找看

Lesson3：請孩子選擇一個雕像或名畫，自己試著畫出來

猜猜我畫了什麼？

Ryan懂得搭配義大利地圖，先熟悉一下這些雕像的所在城市

比一下《創世紀》的「創造亞當」加深印象與趣味性

讓Ryan自己挑他最感興趣的用畫筆畫出來

25

美食篇

🍃 帶小孩吃吃吃，發掘道地美食文化

說到美食，媽媽我就非常「嗨森」(開心)了！去旅行，不管是國內還是國外，我準備得最起勁的就是美食了。事實上，美食總能在旅行途中帶給我們滿足感，而美食也總是受到孩子們歡迎。所以，帶著孩子從美食的角度來認識旅行國家，是最開心不過的事了！

最能代表義大利美食的食物，我認為是冰淇淋(Gelato)、披薩(Pizza)及義大利麵(Pasta)這3種。其中又以冰淇淋最受小朋友們喜歡。義大利的冰淇淋乳脂肪含量很低且用料扎實，所以吃起來是相當細緻綿密的清爽口感，在出發前我做了張冰淇淋口味的中義文對照表，而且還跟Ryan先討論過他想吃什麼口味，不過這傢伙最愛的還是巧克力，看來喜好完全跟媽媽我一樣啊！

回台灣後，算一算19天內我們總共吃了20支冰淇淋，平均一天至少吃1支，實在是瘋狂！因為，平時我們不可能每天都吃，但到

真美味

6　　　　　7　　　　　8　　　　　9

了義大利，還是帶孩子一起深刻體驗囉！

　　提到披薩，義大利最基本的口味，莫過於用義大利國旗的綠白紅所鋪成的瑪格麗特(Margherita)口味。綠色代表羅勒葉、白色代表起司、紅色代表番茄。這個用最原始的當地食材成就單純的美味，可以讓我們在享受道地美食之餘，還能用披薩來認識義大利國旗，讓孩子一聽就會記得這好吃又美妙的義大利含義。

　　再說，在台灣就吃過義大利麵，到了義大利更不能錯過Pasta！義大利人實在很厲害，可以在簡單的麵條上做出各式各樣不一樣的形狀來吸引人的食欲。Pasta有基本常見的長麵(spaghetti)、蝴蝶麵(farfalle)、螺旋麵(fusilli或cellentani)、筆管麵(penne)、寬麵(fettuccine)等等，還有來義大利一定要試試看的填餡管狀麵(Cannelloni)、方餃(ravioli)、手工麵(della casa)、麵疙瘩(gnocchi)、粗圓麵(pici)等等，在青紅白醬等佐料下，我們所看到的義大利麵條形狀及吃到的口感都各有不同，帶著孩子認識各種款式的義大利麵條，讓他吃義大利麵時會更有食欲，多吃一點呢！

　　從食物的角度與孩子邊吃邊認識旅行國家，這麼有趣的題材，你一定不能錯過哦！

1. Ryan拿著Gelato開心的要開動了
2、3. 令人垂涎欲滴的Gelato店
4、5. 來義大利必點的開心果口味Pistacchio
6. 上面灑滿了新鮮松露的松露義大利麵（Fresh pasta with fresh truffles）
7. 跟台灣口感不一樣較軟的馬鈴薯麵疙瘩（gnocchi）
8. 到威尼斯不能錯過的墨魚義大利麵（spaghetti al nero di seppia）
9. 在托斯卡尼必點的傳統「托斯卡尼手工麵」（pici all'aglione）
10. 我們在拿坡里號稱是全義大利最好吃的披薩店 L'antica Pizzeria Da Michele 吃披薩

教學大綱

　　藉由義大利的在地美食，讓孩子用味蕾認識該國的特色美食及文化風情。

教學內容

1. 透過圖片認識在地美食
2. 設計食物種類及點餐時可使用的中義文對照表
3. 藉由實際品嘗，體驗異國美食，了解當地文化

10

語言篇

🌿 旅行是接觸新語言的大好機會

在行前參與中,有一項我認為很重要的課程,那就是「語言」學習。

為什麼我會認為「語言」很重要,主要用意不是在要多學會一種語言,因為語言是長期學習累積下來的,不容易在短期內學會(更何況是才6歲的學齡兒),但是藉著出國旅行接觸新的語言是很棒的學習機會呢!我覺得既然出國旅行了,就應該要會幾句當地的語言,尤其是像你好、請、謝謝、對不起這種一定會用到的基本詞句,這是對當地人的尊重與禮貌,即使對方聽得懂英文,但能脫口說出他們的母語,想必更能得到許多的微笑哦!

學幾句打招呼很有用唷!

教學大綱

藉由出國旅行與孩子學習該國的語言,可利用義大利文的影片及翻譯軟體簡單自學,讓孩子在國外能自在的說幾句當地語言,並讓孩子可以更深刻體會到語言的重要性,進而激發他對母語外的語言學習興趣,這是很棒的語言機會教育。

教學內容

1. 從最基本、最常用的詞語開始學起

     例如:你好、請、謝謝、對不起。

2. 與孩子一起找情境互相學習、運用

3. 在當地嘗試大膽的開口說

設計教材,從最基本、最常用的詞語開始學起,與孩子一起找情境互相學習、運用

利用網頁版與手機版的Google翻譯，學習義大利文

必學實用的義大利語

Ciao!
(你好)

早安(Buongiorno)

這句話在義大利很萬用，只要出門碰到任何人都可以講這一句，就連去商店買東西也都是說Buongiorno來招呼客人，本來我都是講Ciao，但後來發現義大利人一開始或回應我都是說Buongiorno，所以我自己也改口說Buongiorno；我很愛這句話，說起來非常有義大利味道。

你好、再見(Ciao)

在義大利語中，Ciao可以用在一碰面的問候及結束時的再見，但我在義大利較少聽到用Ciao來表示你好，後來Ciao的使用時機我只用在說再見的時候。

謝謝(Grazie)

我認為不管在台灣還是在國外，不管對方是否知道我來自哪裡(至少我的黃臉孔可以知道我來自亞洲)，基本的禮貌是一定要有的，而且身教重於言教，我希望Ryan在潛移默化中學習到有禮的舉止，所以基本上Grazie的使用頻率相當高，高到我從義大利回到台灣還會忍不住講Grazie來表示謝謝。

走開(VIA)

這句話，我認為一定要學起來！大家都說義大利治安不好，讓我在旅行途中時時提高警覺，而這句話就是我一定要教給Ryan的法寶。當心懷不軌的人，企圖接近時，如果我們能用當地語言嚇阻對方，讓對方知道我們不是什麼都不懂的觀光客，在我出聲說VIA的同時，對方可能就會因此改變心意，換另一個目標下手。而VIA這句話，在羅馬還真的被我派上用場，有位以為我刻意在拍教堂門口乞討的吉普賽男子，忽然衝過來拉我手臂，但在我立刻大喊了VIA時，他立刻鬆手跑掉，真的是很慶幸我有這個先見之明啊！

在圖書館裡認真找書、看書

即使不認得字的弟弟，也可以
透過作者的畫來認識羅馬

繪本共讀篇

🌱 圖書館是孩子的挖寶聖地

從小讓孩子養成喜歡看書，是一個可以影響孩子一生的好習慣。在與孩子一起準備旅行、一起行前參與的學習課程中，怎麼可以遺漏了「書」呢！我把這個部分擺在行前課程的最後一章，就是希望能讓我們親子得以用不一樣的角度，讓行前參與這個階段的內容更有趣、更完整。

不過，市面上的書籍繪本百百款，如何與孩子一起挑選適合的共讀標的是門學問。最簡單經濟的方式，就是牽著孩子的手一起走進圖書館選書。圖書館，實在是個很棒的公共資源，即使不是因為要出國旅行來挑書，平時也建議你要多帶著孩子一起來圖書館借書，養成他愛看書、愛惜物品的好習慣，也趁機會讓他感受一下圖書館內那濃濃的讀書氣息。

◎教學大綱

引領孩子用他熟悉的繪本模式，並透過最經濟的圖書館借閱方式，在書香中尋找讀書的樂趣，以及培養他對旅行的期待。

◎教學內容

1. 平時養成使用圖書館的習慣
2. 引領孩子自己借書、還書
3. 帶著孩子一起挑選合適的書籍共讀

Ryan認真的看《鴿子的羅馬》

義大利親子共讀的繪本推薦

1.《鴿子的羅馬》

擁有建築學位的作者David Macaulay，似乎是把自己的設計與繪圖專業展現在繪畫上。整本繪本以堅硬的運筆線條展現，透過鴿子的飛行視線，一會兒飛在高空、一會兒飛進古蹟裡、一會兒因被砸而倒栽蔥……，在飛行中我們與鴿子一一細數著義大利羅馬的古蹟建築物們，那一磚一瓦的老城牆、老拱門、廣場上與教堂，每一頁、每一張圖，在視覺上都有極大的立體感；我們不只是看一本書，更是由上而下或由下而上的三度空間，充滿著不一樣的視野，藉著閱讀及觀賞的樂趣之餘，認識羅馬這千年古城。

2.《麗莎和卡斯柏：划小船遊威尼斯》

這是一本圖多字少、畫風相當可愛的麗莎和卡斯柏系列，故事中描述麗莎和卡斯柏全家來到義大利威尼斯旅行，當卡斯柏快受不了與家人逛博物館後還是逛博物館的行程時，他偷溜了出來並挑了艘小紅船划在威尼斯水道的冒險記。最後，他們團聚分享一盤道地美味義大利麵……，繪本主人翁的行徑，真是令人又好氣又好笑！

這本色彩鮮明、故事輕鬆有趣的小繪本，我跟Ryan都一看再看，愛不釋手呢！

3.《千萬不要住在龐貝城》

以一位在龐貝有錢人家的希臘裔奴隸兼老書僮為故事骨幹，敘述從西元62年大地震到西元79年8月24日維蘇威火山爆發的真實生活，了解老書僮平凡的一天工作、發生地震後龐貝人如何修復龐貝城(這個年代的馬賽克拼貼是運用得出神入化啊！)、競技場內格鬥士的對決盛況、到火山爆發時驚險的逃難經過，最後故事中的主人翁們幸運的在異鄉重逢，但龐貝城從此被世人遺忘近1,700年的繪本故事。

內容深入淺出，敘述讓人猶如身歷其境，並以詼諧的插畫輔助，是本相當適合親子共讀並吸收知識的書，最後3頁還有名詞解釋與原因對照，很適合家長在回答孩子更進一步的問題時參考。

旅行中的宗教娛樂

飛機上與空姐的豔遇

這一次，決定帶Ryan一起去歐洲自助旅行，其實還滿擔心他能不能適應長達16～17個小時的長途飛行。飛往歐洲的長程航程中，很多大人都受不了長時間悶在把腳伸直都很困難的密閉空間裡，更何況是才剛滿6歲的小朋友。

還好，好奇心極重的Ryan一上飛機，大都能乖乖的坐在自己位置上，很專心的拿起座位前方的安全提示卡，或是盯著螢幕看逃生宣導短片，還依照短片找到座位下方的救生衣，我看全機的乘客大概就Ryan看得最認真了！

習慣了機上的座位與環境後，Ryan開始蠢蠢欲動。因為是小孩子，所以空服員們對他都相當照顧與包容。後來，他起身去洗手間時，索性就在空服員的工作空間裡

好吃！

與姐姐們聊天。這不但讓他活動筋骨、學習與不同身分不同語言的人講話，提高他對外的適應力與社交能力，我對他這種狀況並不反對，只要求他別礙著空服員姐姐們的工作與休息時間就好。

在回程飛機上，Ryan還碰到去程班機

貼心小提醒

若孩子胃口小，可改訂水果餐

Ryan在飛機上唯一表現較差的就是飛機餐都吃不完！其實，也不能責怪孩子，我這當媽的也吃不慣吃不完飛機餐，更何況是Ryan？所以，建議大家，開票時可以改訂水果餐，既清爽又沒有負擔。

的同一位外籍空姐，他與對方竟然還記得彼此，所以Ryan就一直去找她聊天，而她也很有耐心地陪著Ryan，讓我們在這趟旅行的最後一段航程畫下完美句點。旅行中所碰到的「人」，總是可以讓旅途增加許多色彩，差別在於，所碰到的色彩是鮮豔的還是黯淡的。會因著人、事、時、地、物而有不同的經歷。

這一趟來回各16～17個小時的飛行經驗，Ryan的高適應力與社交能力讓他身體沒有不適的狀況，倒是坐在他旁邊的我一直持續注意他的一舉一動。還好，一切都很平安順利，看來下一趟長途旅行馬上就可以出發了！

1. 邊吃著可愛的兒童餐邊看電影，對孩子來說，這可是一趟超享受的豪華飛行呢
2. 就是這位外籍空姐，非常有緣在去程與回程同班機，更令人訝異的是他們還記得彼此，感謝這位空服員姐姐在機上對 Ryan 的耐心與陪伴
3. 累了，完全一整個放鬆的睡覺，飯都還沒吃完啊
4. 食材及配色相當討喜的兒童餐
5、6. 飛機上提供水、零嘴、水果，甚至有冰淇淋
7. 進入機艙就定位，要像 Ryan 一樣詳讀安全提示卡才是好乘客哦

帶孩子搭乘長程飛機的TIPS

1.搭長程飛機前，建議先有短程搭機經驗
　　飛歐洲、美洲國家，飛行時間往往都是十幾個小時以上。如果可以，建議先選擇亞洲國家旅行(例如：日本或香港)，有經驗了再選擇長程旅遊。

2.飛機逃生宣導短片與安全提示卡，請帶著孩子一起看
　　上機後一定要仔細看完逃生宣導短片與安全提示卡，這些影片及資料也是給孩子緊急應變反應的機會教育，利人又利己。

3.幫孩子準備足夠的水分補充
　　機艙內的溼度因為空調的關係，常會令人感覺到乾燥不適，像口乾舌燥、皮膚及眼睛乾燥等等。幫孩子準備一杯水在身邊，不但可以稍稍的緩和一下空氣溼度，孩子口渴時也能隨時補充水分。

4.不影響他人，可適時於機艙內活動
　　長時間待在密閉狹窄的空間，大人、小孩都會不舒服，建議你和孩子可以趁著上洗手間時，在機艙內活動，但重點是不要影響到機組員與乘客哦！

找到羅馬蜜蜂噴泉
的雀躍與感動

　　與Ryan完成了行前親子參與課程後，我們依照計畫行事，拎著Ryan開開心心前往義大利旅行。在這趟旅程中，因為行前親子參與課程而在各城市中埋下了大大小小的亮點或伏筆，讓這趟旅行因此而增添不少趣味。

　　在行前親子參與的內容，像藝術篇、歷史建築篇、景點篇等這些素材，除了要讓孩子學到知識，更重要的是親身體驗，用眼睛去看及感受這一切，並與實體連結，而這個結合的小技巧也是讓孩子更投入旅行的方法。

　　到義大利時，當我們即將接近曾經在行前介紹過的藝術、建築、景點時，我就開始技巧性地引導他等等，表面上要裝笨、裝不曉得景點在哪裡，但是另一方面卻要默默且不著痕跡地引領他，放手讓他自己透過搭配地圖或指南針順利找到目標(演這齣戲，媽媽要會演戲又要想辦法達到目的，唉，好辛苦啊！)。

但這辛苦的一切，絕對值得！

我們在義大利旅行請Ryan找的第一個景點，是位在羅馬的巴貝里尼廣場(Piazza Barberini)與Via Vittorio Veneto街口的蜜蜂噴泉(Fontana delle Api)，之前就做過功課知道這個蜜蜂噴泉並不醒目，再加上所在位置有一點偏僻隱密，有些背包客還因此跑了2趟才找到。不過，既然是行前參與課程的內容，媽媽我可是把功課做足，對位置瞭若指掌，不然我怎麼有辦法第一次去義大利旅行，卻能引導Ryan讓他自己找到蜜蜂噴泉呢！

我永遠都忘不了他發現蜜蜂噴泉的表情與反應。他是如此的興奮、如此的有成就感，還開心的拉著我們趕快往目標前進。這讓他充滿自信與成就感的心情，激發了他的學習力，也讓Ryan回到台灣後仍然對這些景點念念不忘且朗朗上口。這讓我知道，我們的行前親子參與課程確實發揮了效果。

1. Ryan臉上充滿自信的笑容，代表了自己找到景點的成就感，行前親子參與課程沒有白上了
2. 行前參與課程內容之一的佛羅倫斯金豬噴泉也是Ryan找到的呢
3. 發現蜜蜂噴泉那一刻的Ryan，就好像發現新大陸一樣興奮的指著他找到的戰利品
4. 蜜蜂噴泉是可以喝的飲用水，這水喝起來特別甘甜

貼心小提醒

如何引導孩子找到建築、景點

STEP 1

行前跟他介紹景點後，分配工作給他，請他在當地幫忙找到景點。

STEP 2

到達旅行當地，如果當天有該景點或當快接近時，引導他、讓他找到。

在那裡

羅馬真言之口的君子之約

　　大家都知道，不論跟團還是自助，到羅馬的必去景點之一就是「真言之口」(La Bocca della Verità)，實際上這有著眼睛、鼻子、嘴巴，且與人臉相似度極高的真言之口，原本只是默默無聞、普普通通的排水孔，但卻因為成為西元1953年電影《羅馬假期》的拍攝場景而聲名大噪了起來。

　　電影《羅馬假期》中飾演記者的葛雷哥萊畢克(Gregory Peck)告訴飾演英國公主的奧黛麗赫本(Audrey Hepburn)，說謊

的人把手伸進真言之口就會被吃掉，而這個電影中的小橋段，卻意外給Ryan帶來啟發，讓Ryan蛻變成長為一個勇於認錯的誠實小孩。

　　真言之口是我在行前曾跟Ryan介紹的景點，之後，Ryan就一直將它惦記在心上(出發前，他就不時問我有關真言之口的問題)，直到我們親身走到羅馬的科斯梅丁聖母教堂(Santa Maria Cosmedin)前，Ryan邊排隊邊好奇地往真言之口方向張望，就好像即將參加面試、心中忐忑不安的樣子；最後，他還是不敢把手伸進真言之口的嘴裡。

　　他直言說，他怕他的手會被吃掉。但是，他答應真言之口做個勇敢、誠實的小孩。當時我心裡想，孩子不敢伸進去是有他的顧慮與想法，或許他自己覺

③

④

我會誠實～

得還不算是個誠實的小孩，所以我們做家長的不要因為難得來義大利，強逼他伸手進去拍張照。等他自己心裡準備好了，也努力改進了，自然而然就會願意把手伸進去測試。

孩子的心很單純、很天真。說謊話，其實只是一種心理上自我保護的反射方式，他們並不是故意說謊話。我們也不需要圍繞著說謊話這件事打轉，應該要先跳脫出來，了解他說謊話的真正原因，讓他了解說謊話並不是一個好的解決方法，唯有誠實勇敢面對，才能真正解決問題。

真言之口的寓意，讓孩子發自內心的反省並內化。沒想到，帶Ryan在義大利自助旅行，我們在旅行過程中意外看到孩子的勇敢、誠實，這可是我們最大的驚喜呢！

🌱 我發誓會做個誠實的小孩

旅行到西恩那(Siena)，我們碰到了一個幾乎一模一樣的偽真言之口，我見機不可失，便問Ryan要不要試著伸進去看看，一開始Ryan也不敢把手伸進去，但就站在偽真言之口前面不停地碎碎念：「我會很乖、我會聽話、我會誠實，請你不要吃我的手……」之類的話後，才小心翼翼把手放進偽真言之口的嘴裡。

當然，Ryan的手並沒有被吃掉。我們看到他鬆了一口氣且露出被認同的笑容，其實心底知道，Ryan絕對會遵守他對真言之口的承諾，做個勇敢且誠實的孩子。

後來Ryan在皮恩札(Pienza)、及威尼斯(Venice)也發現真言之口！這孩子雖然在羅馬不敢伸手進「真的」真言之口，但卻舉一反三，也讓他在旅行中發掘了更多他感興趣的小地方。

1. 滿滿的排隊人潮，大家很期待被真言之口咬哦
2. 終於輪到我們了，但Ryan不敢把手伸進去
3. 在真言之口前坦誠放下後，敞開心胸
4. 在西恩那碰到偽真言之口，Ryan終於願意敢把手伸進去了

西班牙廣場的玫瑰花陷阱

　　羅馬的西班牙廣場(Piazza di Spagna)因是電影《羅馬假期》中的拍攝場景而成為羅馬的熱門景點之一。在西班牙廣場正前方是有名的精品名牌街(Via del Condotti)以及羅馬最老的希臘咖啡館(Antico Caffe Greco)，它匯集了拍照、敗家與美食之大成，難怪西班牙廣場不管平日或假日總是擠著滿滿世界各地的遊客。通常，這樣的熱門景點會讓我的腦海裡出現第一個念頭——扒手可能很多！

　　帶著Ryan在義大利旅行，對我們很大的挑戰是要怎樣確保我們大人與Ryan的人身與財物安全。義大利是出了名的治安不好國家，雖然近幾年義大利政府加強警力巡邏，也達到部分嚇阻之效，但其實在火車站、地鐵站及重要景點等人

多的地方，一切還是得要靠自己啊！

　　當我們走到西班牙廣場前，果然看到手捧著一束玫瑰花的人(我稱做玫瑰花黨)靠近。這「玫瑰花黨」專找成雙成對的情侶，不分年紀，看中目標就遞出花。如果你不需要，請直接說NO，並繞過對方。他們通常不會死纏爛打，並會立即尋找下一位。

　　但如果我們沒有先做好功課，沒有足夠的警覺心，尤其是沒有心機的孩子，極可能在別人拿東西過來時，就順手接下來，準備付錢做凱子。這點，特別要提醒孩子小心注意。

　　由於，我曾事先與Ryan做好確保安全的行前準備，因此當Ryan遠遠看到拿著玫瑰花的人時，他馬上就拉住、提醒

我，並會不時的幫忙注意四周動靜。其實，在旅行中賦予孩子任務，讓他產生責任感，並親身體驗，對孩子是很棒的機會教育。

所以，與其消極的認為因為必須時時注意，會壓力太大或太累，而不敢踏出國門；倒不如積極的做好行前準備工作，用正確的方式來保護安全，如此在遇到狀況時馬上就能沙盤推演、從容應付。

1. 西班牙廣場上滿是來自世界各地絡繹不絕的遊客
2. 維歌水道(Aqua Virgo)終點的羅馬許願池是羅馬必去的景點之一
3. 正好拍到玫瑰花黨遞玫瑰花給一對外國情侶
4. 自製旅行手冊義大利版
5. 在資訊欄位裡特別寫上「注意扒手」等字，隨時提醒自己

出發前要積極做足的安全準備

1.行前先收集特殊狀況的因應對策

行前先在台灣收集在國外可能會碰到的各種手法，例如假乞討真偷竊、假掉物真行竊、綁幸運繩或遞玫瑰花索取費用等
行為，這些手法如果能先了解清楚並預做好因應對策，在旅行當地時就能從容避過。

2.與孩子事先預演可能的突發狀況

孩子只要能出門玩耍就很開心。但要讓孩子知道，出國自助旅行並不是只有玩樂這件事。世界上的國家與地方，都有好人與壞人；有好的一面也有不好的一面，讓孩子認清事實，才不會讓小孩有誤會、錯覺，進而產生安全漏洞。

所以，行前收集到的偷、扒手法及因應對策，建議你要先教育孩子並與他們預演排練。像是不經意的拿東西給他、或是假裝是陌生人忽然靠過來拉他的手之類的情節，讓他有臨場感、能有深刻印象、感受。

3. 在旅行資料上註記提醒字眼

出國旅行，我習慣自製一本旅行手冊。如果你沒有做手冊，也可在旅遊資料上註記提醒。像我在旅行手冊的西班牙廣場資訊欄位裡就有特別寫上「注意扒手及玫瑰花黨」，藉此在開心玩耍及拍照的同時，多一份資料提醒自己。

驚豔的羅馬競技場收穫滿滿

大家提到義大利，第一個想到的一定就是羅馬競技場(Colosseo)了！

羅馬競技場在這裡已靜靜的佇立了一千多年，歷經了古羅馬帝國的競技場、中世紀時期的碉堡，甚至為了建造教堂而淪為石材場，最後才被教宗與羅馬政府重視而保存下來。其裡裡外外的建築，早已留下歷史洪流的痕跡，但那殘缺不全的結構與坑坑疤疤的外觀，實在令人難以忘懷。我想不管對大人還是小孩，羅馬競技場都是個活生生、血淋淋的最佳歷史、人文、社會教材。

為了這個行程大重點，我在行前就看了N本有關羅馬競技場的書及資料，就是希望能從各個面向更深入了解這個位在羅馬市中心的世界遺產，並能夠用說故事的方式為Ryan介紹。讓我們不是與世界各地的觀光客們，一起擠在有限的空間，摩肩接踵、寸步難移，最後沒有收穫地掃興、黯然離開。

參加Underground Tour 不虛此行

在資訊相當不足的狀況下，我還大膽預約了亞洲人很少另外再付費參加的「Underground Tour」(地底參觀行程)。

為了確認Ryan的孩童預約條件與票價，我還撥了幾通電話到羅馬競技場的遊客中心(Call Center)詢問。撥電話時，我是緊張的，不是因為怕無法溝通，問不到答案(講英文可通哦！)，而是想像著幾個月後，我們與Ryan會一起手牽手站在這千年古蹟的羅馬競技場前，那種既興奮又期待的心情，好像海水一樣洶湧澎湃了起來！

參加 Underground Tour 的 meeting point 在這裡

羅馬競技場現場導覽

第一站：圖貌復原表演區

Underground Tour的第一站解說點，就是位在競技場中間原貌復原的表演區

羅馬競技場正中央的圖貌復原表演區正有一團正在導覽

走到半圓表演區的對面，就可以很清楚看得出來第一及第二站解說點的位置

第二站：圖貌復原表演區正下方

第二站解說點為表演區的正下方，用更近的距離觀察所遺留下來的機關

第三站：第四層平台

第三站解說點為最上層的座位區，視野最好

「Underground Tour」顧名思義就是地底下的參觀行程。行程內容除了參觀地底之外，整個流程是：導覽員會先帶大家走至羅馬競技場正中半圓復原地板解說，然後下至此半圓復原地板的正下方，最後再到最上一層的座位區解說。而這些解說參觀處，統統都是一般遊客所到達不了的，我們就好像VIP般，由導覽員領著我們通往各個管制區域，所經之處，都被在場來自世界各國的遊客行注目禮；導覽員除了解說，也很上道的會留時間給大家拍照，整個導覽時間約1小時又20分鐘左右，我們在羅馬競技場聽、看及拍照，非常過癮！

一般遊客往往震懾羅馬競技場地面宏偉建築，以及其依身分、地位分流人潮的巧妙設計，但其實在正中央的舞台下方，目前已斷壁殘垣的輸送機關更是令人讚嘆不已！雖然，這些機關在此時此刻統統不復在，不過透過導覽員的解說、模型及照片輔助，可一窺其原貌。古代人的智慧到現在看來還不覺得落伍呢！

Ryan是整團約二十多位成員中唯一的一位小朋友。他跟成年團員們一樣，胸前貼了張代表這個梯次的貼紙，頸上掛著導覽員解說的擴音器，跟著大家邊聽、邊看；導覽員的英文解說他當然聽不懂，我即時翻譯並選擇性的用Ryan能聽得懂的字詞，帶著他觀察羅馬競技場的每一個重點。最後，我們跟著導覽員一起走上視野超好的第四層的平台，整個羅馬競技場內觀一覽無遺；還能眺望古羅馬廣場與帕拉堤諾之丘，以及帝國廣場大道(Via dei Fori Imperiali)延伸到維托艾曼紐二世紀念堂(Monumento a Vittorio Emanuele II)的景色。站在這裡，可以搞清楚整個遺跡的地理位置呢！

❶

1. 走出捷運Colosseo站就見到羅馬競技場，非常震撼
2. 此表演區鋪滿了細沙，在當時是作為吸附汗水血水的功用
3. 集合後大家都會領到一台小小的廣播器，聽導遊解說用
4. 我們在表演區聽導覽，在這裡可以更清楚的由上往下看到地板下方的殘跡
5. 君士坦丁凱旋門與西元1世紀晚期的多米修噴泉（別名「汗湧錐」）的圓形遺跡全部一覽無遺

6. 可清楚看到義大利法西斯獨裁者墨索里尼下令建造的帝國廣場大道，將大片考古遺跡分割為二
7. 參加Underground Tour時須貼在身上識別的貼紙
8. 羅馬競技場的2日聯票，入場過閘門時需刷這張門票才能進入
9. 美麗的導覽員正使用圖片搭配說明，更清楚明瞭

帶孩子從各角度認識競技場

在為Ryan講解時，我特別注意到古羅馬帝國的時代背景及社會風氣，與現代完全不同。評論當時這樣的作法其實有失公允，也反而會加諸了太多沉重的包袱，讓講者、聽者喘不過氣來，所以我在介紹羅馬競技場最初的原始用途時，就用說故事的方式，輕描淡寫的說明人與人、人與獸、獸與獸等血腥情節，我比較著重在羅馬競技場本體建築的精巧設計與機關。

例如，跟他說明羅馬競技場為何是橢圓形的、建築架構分為內外2牆、觀察外牆4層拱柱的樣式、總共4層的座位以及大家是怎麼進場的、廊道牆上十字架形狀的用途是什麼、地下層的表演者是如

何上到表演區、找找競技場內的十字架在哪裡等等的建築及細節，從中帶著孩子從各種角度認識羅馬競技場。

如果要我重新選擇一次，我還是會為Ryan預約購買與大人同價的門票及Underground Tour的費用，雖然Ryan所能吸收並記憶的或許沒有我們大人的多，不過，能身歷其境在現場用自己的眼睛去看、用自己的手去摸，還有用自己的耳朵去聽，也或許還聞了聞可能殘留在遺跡隙縫間的古老味道！

🌿 親身體驗遠比看資料要 精采深刻

人的記憶經過時間的消逝，往往印象被深刻留下來的，只是一種味道或是某個片段；但旅行是一把鑰匙，在往後的日子裡，當觸及某個味道或片段，就會啟動這一連串的回憶及經驗知識。這就是我們帶著Ryan旅行想給他的經驗與回憶。我們做父母的不會永遠陪伴他，但是這些旅行經歷所留給他的，就是未來將會啟發他對各種不同領域感受的一把鑰匙。

書籍可以隨時拿起來翻閱、網路資料只要能上網，隨時可以搜尋。但是，親身體會旅行，需要天時、地利、人和。透過親身體驗所建構的經驗，遠比書本知識更精采深刻。現實生活中，我們沒辦法隨時訂了張機票就出發，家長們可能要考量老闆給不給休假、假期天數夠不夠多等問題；如果是孩子在學期間，也要考量上課請假、以及出遊會不會碰到考試等狀況等等；所以，好好把握每一次旅行、每一次全家難得一同出遊體驗的機會。

1. 我們往圖貌復原表演區前進，導覽即將開始
2. 從第四層往羅馬競技場內拍，建議預約下午場為拍照順光
3. 走在羅馬競技場內，兩旁的柱壁盡是歷史的滄桑
4. 由表演區往地下層看，精密的輸送機關只剩斷壁殘垣

西斯汀禮拜堂 《創世紀》的感動

梵蒂岡是全世界最小但地位崇高的國家。位在梵蒂岡國土內的博物館更是舉世聞名，館藏豐富且宏偉，就像台灣的故宮一樣。如果要仔仔細細的參觀完博物館，對一般的遊客幾乎是不可能的事，即使像我們這種自己安排行程的背包客，通常也不會挪出好幾天的時間在梵蒂岡博物館(除非是旅居在羅馬的人！)。

所以，如何有效率且深入的參觀梵蒂岡，行前就需要花費一番功夫。

我在行前便先挑選好此次參觀的重點項目，並照著這些重點項目安排參觀的行程。而重點中的大重點就是位在西斯汀禮拜堂天花板上的米開朗基羅鉅作《創世紀》。

當我們第一次跟著一般觀光客一起走進西斯汀禮拜堂的同時，馬上就聽到熟悉的旋律，現場播放了我在台灣為了研究《創世紀》構圖與細節，而參考的梵蒂岡官網西斯汀禮拜堂3D實景網站的背景音樂。非常推薦大家用此網站認識《創世紀》。

當莊嚴的音樂傳入我的耳中，牽著Ryan坐在西斯汀禮拜堂牆邊的椅子上，與全世界的旅人仰著頭看著高度20.73公尺的天花板，突然有種長途跋涉、翻山越嶺後，終於親眼見到這米開朗基羅曠世奇作的感動。而坐在我身邊的Ryan，也因為這幅《創世紀》曾放在行前參與課程的內容中，我們曾一起討論位置在

中間偏左、構圖最簡單，卻最令人印象深刻的「創造亞當」，相較上帝主動且有力的手與亞當被動且軟弱無力的手，簡單卻強烈的對比，成為整個《創世紀》的焦點。

Ryan雖然只先認識了其中的「創造亞當」，但他在認識的過程中，很細心的觀察到亞當手的擺放與姿勢，而米開朗基羅作品的一大特色，正是刻畫人體構造與線條的真實。雖然，孩子不一定完全看得懂，但我們家長提供了環境讓孩子從他們自己的角度去欣賞藝術，用自己的眼睛去感受、體會，這是一種美麗的回憶，也讓美感與創造力在孩子的心中，播下一顆顆即將發芽的種子。而這正是我帶著孩子觀賞藝術品的目的。

貼心小提醒

路線多單向通行，走錯要重繞

實際造訪後才知道博物館裡很多是單向通行，以致我原本排好的路線並不順暢，西斯汀禮拜堂甚至「闖」了3趟！同一天看了3遍《創世紀》的遊客，大概也只有我們吧！

參觀梵蒂岡博物館時，建議盡量配合博物館的行進路線參觀，如果是想看的重點就停留久一點，不是重點的就快速通過，爭取參觀時間及避開人潮。

> Data

西斯汀禮拜堂的3D實景

http www.vatican.va/various/cappelle/sistina_vr/index.html

1. 拉斐爾陳列室Stanze di Raffaello裡就屬象徵哲學的《雅典學園La Scuola d' Atrne》最有名
2. 梵蒂岡博物館內華麗的天花板，浮雕畫得超精緻
3. Ryan正在研究米開朗基羅這幅《最後的審判》，了解天堂與地獄
4. 早上9點半，梵蒂岡博物館的排隊人潮

納佛那廣場的美麗畫作

阿姨送我的禮物

我們一路從蜜蜂噴泉步行向西，然後一一造訪每一個我所規畫的行程景點，也包含知名的義大利冰淇淋店及咖啡店。然後，我們再提著戰利品繼續步行前往這日的最後一站：納佛那廣場。

當我們走過羅馬保持良好的古老巷弄，忽然眼前寬廣、開闊地站在納佛那廣場上了。雖然此時已是當地時間近晚上8點，天空亦已漸漸昏暗，僅剩教堂尖頂上還抹著晚霞的餘暉，耳邊傳來陣陣的噴泉水聲、悅耳的音樂聲，並且交雜著廣場上遊客與攤販的說話聲，我們不禁被廣場上擺滿畫作的攤販、火噴畫的街頭藝人吸引，並不自覺地往前移動。

納佛那廣場被各大古蹟景點圍繞、擁有知名度相當高的代表雕像四河噴泉，不過，最令我們回味再三的，卻是那充

滿著藝術與音樂的環境氛圍。我跟老公牽著Ryan，看著各家攤販的畫作細數我們這幾天在羅馬的畫面。我們一起翻看畫家的一張張畫作，每一張都好有味道，都好美；就在此時，賣畫的小姐拿了一疊小尺寸的畫，她挑出其中2張給Ryan，說是要送給他的禮物，請他自己從這2張挑一張畫。

賣畫小姐所挑的畫作，一張是台伯河的河景、一張是羅馬競技場的建築照片。媽媽我在現場只是站在一旁看著Ryan會如何反應選擇。當場，他看了看我，用眼神問我是否可以拿陌生人的東西，我點點頭微笑著看他，然後，讓他自己在2張小畫作中挑一張自己喜歡的畫。Ryan挑了他行前參與討論並參觀過的羅馬競技場那張畫。孩子很開心的跟

我說：「是羅馬競技場耶！我有去過哦！」，其實，從行前準備到旅程，我們可以看得出Ryan記得這次旅行的每個軌跡與點滴。同時，我更在他的臉上看到自信的眼神與笑容。

接著，我們繼續逛了幾家畫攤，在我跟老公挑選畫作時，Ryan好奇的跑去找正坐在攤位旁畫畫的一位畫家，這位畫家準備了水彩筆及畫板，邊畫邊教Ryan如何玩這些水彩的顏色。在旁邊看著他們互動的我們，也享受這個如果沒帶Ryan出國就絕對不可能發生的有趣畫面。

這二個小插曲讓我們對納佛那廣場有了不一樣的印象與滿足。雖然攤販所賣的畫作都很美，我也很認真的想挑幅畫回家裱框掛起來……但我們後來多看了幾家畫作就放棄了。因為這些畫作都是大量批貨的廉價複製畫。不過，我還是要謝謝送畫給Ryan的阿姨、教Ryan畫畫的畫家，這些對別人看來微不足道的小動作，但對我們與Ryan來說，卻是印象深刻的回憶呢！

1. 納佛那廣場上滿是藝術家或藝術品攤販
2. 納佛那廣場上互相較勁都很精采的四河噴泉與聖安尼斯教堂
3. 謝謝這位畫家阿姨，讓Ryan就在納佛那廣場上了堂繪畫課
4. 別忘了順道造訪納佛那廣場西南方帕斯奎諾廣場 (Piazza Pasquino)上這尊會說話的雕像「帕斯奎諾像」
5. 謝謝送小畫給Ryan的友善賣畫小姐

貼心小提醒

適時的讓孩子接觸人群

在這趟親子旅行中，我們不時感受到義大利人對小孩的友善。當我們確認安全無虞後，就讓Ryan自己去面對。我相信，在旅行途中，不管是正面還是負面、是令人沮喪還是讓人雀躍的經歷，它讓我們得以跳脫常規生活，面對不一樣環境，這也是旅行帶給我們和孩子很棒的生活體驗。

偶遇溫暖的義大利童書店

在安排行程時，我總是喜歡準備幾家評價好且必去的餐館清單，作為旅行途中撫慰疲備身心的美食饗宴。這次在羅馬，我也安排了一家離羅馬主要景點較遠、位在西伯河西岸巷弄中許多人推薦必去的餐館；因為我們比較早到，餐館尚未開始營業，做足功課的我，有如地頭蛇般地領著大家往前直走，追加參觀一座教堂。不過，我們卻在走出教堂時，因為躲雨不小心闖入教堂正對面非常不起眼的小小義大利童書店「Nuove Edizioni Romane」。

這間義大利童書店也意外地為這趟義大利親子自助旅行，增添濃濃的書香回憶。

當我因為躲雨而站在店門口時，不禁意的看到門口擺放了幾本看不懂的義大利文書，畫滿著充滿童趣的插畫，頓時引起了我的好奇心，原本就想買一本義大利童書當紀念品的我，拉著Ryan及老公一起推開那與老舊建築融合一體的鐵灰色透明框門，而首先映入我們眼前的是各式各樣簡單擺放的童書，還有那懸掛在天花板的人像木偶，這一切也太精緻小巧又溫暖迷人吧！

Ryan首先被一進門右手邊的矮小長桌吸引，那上面除了簡單擺放幾本童書之外，就是那罐擺滿彩色筆的筆筒。妙的是這筆筒還是代表義大利咖啡國寶級品牌illy的鐵罐子，一旁還擺有一疊畫過或沒畫過的A4白紙，看起來就是給來童書店的孩子畫畫的。

貼心小提醒

安插孩子感興趣的事在行程裡

建議不妨在安排親子自助旅行的行程時，把孩子感興趣且能寓教於樂的事物安插在旅行中，不但收穫滿滿，而且更能增添這趟旅行有意義的回憶！

1. 供奉聖女聖則濟利亞的聖則濟利亞教堂(Santa Cecilia in Trastevere)，除了地下的聖女故居，Cavallini 的《最後的審判》亦值得一看
2. 位在聖則濟利亞教堂(Santa Cecilia in Trastevere)正對面，外觀不起眼卻很溫馨的童大利童書店Nuove Edizioni Romane
3. 書店使用採光好的大片門窗，從書店看出去就是美麗的教堂
4. 書店內溫暖一隅
5. Ryan坐在門窗邊專心作畫，畫他一直很在意的真言之口
6. Ryan與老奶奶一起找書
7. 書店溫馨可愛令人愛不釋手的小書籤

　　詢問過看店的老奶奶後，Ryan很自在的坐下來開始畫畫，Ryan畫的正是「真言之口」的旅行記憶。我跟老公則隨意在店裡尋找今天的義大利童書紀念品。老奶奶、老公、我、Ryan總共4個人，各自安靜地做著自己的事情，在法國藝術家伊夫法律(Yves Legal)的人像木偶下形成一種特別的平衡。

　　完成畫作後，愛看書的Ryan有如看到寶藏般的找本書，換個位置開心的看書。雖然這些童書都是看不懂的義大利文，不過語言上的隔閡似乎並沒有減少他看書的欲望，他一本接著一本翻閱著，一直到我跟老公挑選好義大利童書買單後，他還不肯罷休的持續看呢！

　　禁不住肚子咕嚕咕嚕催促著，我們向老奶奶告別，沒想到這看來有點嚴肅、

話不多的老奶奶，笑起來可真親切！很隨性的與老奶奶聊天、自我介紹、拍照記念，我們也因此知道老奶奶美麗的名字「Gabriella」。

　　從不小心闖入、到最後捨不得離開，這間義大利童書店對大人及小孩來說，有某種程度的魔力；搭配到Ryan愛看書的個性，這個旅程可真是完美特別！

Data

Nuove Edizioni Romane
- ✉ Via di Santa Cecilia, 18, Roma, Italia
- ☎ +39 06 588 1064
- http www.nuoveedizioniromane.it
- @ ner@mclink.it
- 🕐 週一～五09:00～17:30
　　週六、日10:00～13:30

行程外的驚奇之旅

我們在羅馬行程的第四天，下午就要搭乘已預約購票的歐洲之星前往翡冷翠(佛羅倫斯)了，這天是我們在羅馬的最後巡禮。

因為前幾天行程有一些遺珠之憾，我們打算在最後這天補上這份遺憾。不過，當我們早早整理好行李前往櫃檯寄放並Check out時，才得知今天所有的當地公眾交通運輸全數罷工停駛。這真的是晴天霹靂啊！我們想爬梵蒂岡聖彼得大教堂圓頂、想拍的聖天使堡河景……都要有捷運才能順利到達，而Ryan很期待想要登聖彼得大教堂的圓頂呢！

但旅行和人生一樣，不會凡事順利，

需要抉擇取捨。此時，我們就面臨到今天的行程即將開天窗的窘狀，到底要堅持前往遊客必登且大家都很期待的聖彼得大教堂圓頂，讓時間相對緊湊，還是我們還可以有其他的選項？

這時，真要佩服自己行前非常認真的做好功課，可以馬上拿出其他替代方案討論選擇。經過討論後，我們決定放棄較遠的梵蒂岡與聖天使堡，決定用悠閒的方式與羅馬道別！

我們決定走路前往一般遊客不會走的羅馬城東。這一區有西元3世紀時，由11條水道匯集、亦為交道要塞的馬焦雷門(Porta Maggiore)城門。這城門上目前仍現存3條水道重疊在一起，非常適合當作教材，跟孩子介紹古羅馬人的智慧呢！

另外還有天主教四大聖殿教堂之首的拉特拉諾聖喬凡尼教堂(Basilica di San Giovanni in Laterano)，又稱聖約翰大教堂，也是最早的一座教堂，比梵蒂岡的聖彼得大教堂還古老呢！

參觀完聖約翰大教堂，可別忘了看看教堂斜對面的聖階(Scala Santa)，這是羅馬十分知名的朝聖地，據說這聖階是耶穌在耶路撒冷被押赴至本丟彼拉多宮殿(Pontius Pilate)審判時所走過的階梯，在這裡或許還可以看得到朝聖者跪行上樓梯的情景，但請記得別打擾到他們。

1. Porta Maggiore城門，在古代的羅馬是水道集結處及交道要道，如今仍是主要的交通樞紐
2. 城門上現存仍清晰可見的3條水道
3. 在Porta Maggiore城門東面的遺跡，是羅馬共和末期的墓。當時建造城門時，不但沒有拆掉這座墓，還將城門內側及走道設計成斜的，以躲避這座古墓。這是古羅馬人愛惜文物建築的遺跡之一，不妨仔細看一下哦
4. 聖約翰大教堂外觀相當壯觀的巴洛克古典主義建築
5. 意外發現Lancellotti Chapel圓頂是一隻展翅飛翔的鳥
6. 教堂祭壇與上方的哥德式神龕，供奉聖人的遺物

輕鬆愜意地遠離人群，走訪了羅馬歷史中相當重要的景點後，看看時間還很早，索性用美食來延續今天不受交通罷工影響的好心情。我們來到原本以為應該不會來的咖啡館，吃到此趟旅行最驚豔的義大利冰淇淋Gelato，更意外的讓Ryan玩到羅馬公園中設施完備又安全的兒童遊戲區。這個兒童遊戲區的設施跟台灣很相似，都有小朋友最愛的溜滑梯及盪鞦韆，地上則是維護很好的草皮(真假草皮皆有)。最讓我們放心的是，這遊戲區有特別圍設起來的柵欄，讓爸爸媽媽可以很放心的坐在柵欄旁的椅子，或許看書、拍照、休息，可以不用擔心孩子的安全。在這裡的孩子與家長都好幸福啊！

1. 在綠意盎然的羅馬公園裡，設有圍牆的兒童遊戲區好令人安心
2、3. 設施完善且有安全措施，好舒服的空間
4. 有Gelato吃又有得玩的Ryan好開心

邊吃邊玩
是我最愛的事

①②

維蘇威火山下
龐貝城的哀愁

③

「龐貝(Pompei)」，一座因為維蘇威火山的爆發，而永遠靜止在西元79年8月24日那天的城市。當時，從地震到火山爆發，大量高溫的浮石或火山灰凝結成火山碎屑流高速流下山腰，淹沒了整個城市及人們。城毀後，從此一片靜寂，逐漸被世人遺忘；直到西元1748年，擁有那不勒斯統治權的西班牙王查理三世(Charles III of Spain)，因為想找出貴重物品或金銀製裝飾品而下令開始挖掘龐貝城，還好後來有位古錢幣學者菲

奧雷利(Giuseppe Fiorelli)，在西元1860年受命擔任挖掘主管，開始用系統化詳實記錄挖掘狀況，並從學術角度研究該遺跡的結構，才得以慢慢恢復該城原始的樣貌。

1. 龐貝的人行道，每一步都是古人的智慧
2. 2種不同建材的廊柱，是義大利人「干預不修復」的處理方式，可以看得出原始與修復的歷史軌跡，保留了歷史訊息
3. 法翁之屋中庭雕像，是不可錯過的龐貝遺跡
4. 龐貝城貼心的設置了飲用水龍頭，別忘了來喝喝看哦

④

當我與Ryan進行行前準備課程時，我們討論到龐貝因為火山爆發而整個城市被淹沒的話題，他整個人被「火山爆發」的自然現象吸引，與我討論好多有關火山爆發的狀況，話題還延伸到活火山與死火山的差別、地心等等地球科學內容。儘管這已經超出了他這個年齡所接觸的知識，但卻可以因為準備旅行，而認識原本沒有機會碰觸到的知識，進而產生興趣並深入討論，這種感覺真棒！

所謂「讀萬卷書不如行萬里路」，即使在台灣看書、看圖片好像已經很熟悉了，但實際用自己的眼睛去看、身體去體會，感覺還是相當不一樣。

我牽著Ryan肩並肩站在龐貝城裡遠眺維蘇威火山最佳的廣場上，我們一起望著維蘇威火山，想像著火山爆發滅城

1. 人像石膏像還原了當時龐貝居民被淹沒時的姿勢，連Ryan也感受到痛苦難過
2. 在廣場浴場的熱水浴室，拱頂的圓形天窗採光好，且有助空氣流通
3. 龐貝城最熱門、遊客最多的景點：Lupanar妓院
4. 龐貝城的大廣場看維蘇威火山與被其催毀的遺跡，令人不勝唏噓

時，來不及逃離的居民被火山融漿淹沒，無關富貴貧窮，從疑惑、緊張、焦慮、害怕、恐懼、掙扎、絕望到一片死寂……。當Ryan知道現場的人像石膏像由來，是考古學家為了還原龐貝城最後的樣貌，將石膏灌入冷卻融漿所形成的空洞後，取出的石膏像，站在這裡，我們都能感受到那種令人難以忍受的鼻酸與難過窒息感。

　　如今維蘇威火山卻如此平和的與龐貝兩相對望，也讓我們看見人類的渺小以及大自然的力量，就好像指尖上的螞蟻是如此的令人輕取啊！

❻

❼

5. 已修復回原貌的大劇院，約可容納5千人，記得選個位置坐下來感受一下
6. 阿波羅神廟左邊手持弓箭姿勢的戴安娜半身像(下半身已毀)
7. 「內有惡犬」為龐貝城有名的馬賽克鑲嵌畫
8. 麵包店外面的有4個大磨臼(亦稱作卡魯提斯)，由螺子拉磨，每小時約可磨5公斤的小麥

❽

卡布里島刺激的懸空吊纜

一般提到卡布里島(Capri)通常都會想到舉世聞名、但不一定進得了、看得到的藍洞(Grotta Azzurra)，雖然我們很幸運順利看到藍洞，且船伕還特別讓我們待久一點，不過，卡布里島精采刺激的「索拉羅山吊纜」(Monte Solaro chair lift)，也讓我們念念不忘。

卡布里島地形陡峭，索拉羅山吊纜是安娜卡布里(Anacapri)與卡布里島最高點——海拔589公尺的索拉羅山頂之間的交通工具(另一種交通工具就是雙腳)，提供總共156個懸空沒有踏版的座位，可以讓遊客在短短12分鐘時間，盡賞以維蘇威火山為背景的那不勒斯海灣美景，這個吊纜一般跟團絕對沒機會搭到，自助旅行也要視各人行程安排而定，但非常值得推薦給大家哦！

請注意「索拉羅山吊纜」懸空沒有踏板！它並不像我們習慣搭乘的纜車車廂那般舒適，而是與滑雪場纜車相似，簡單的一張椅子連接著主要幹纜，連安全措施也只是一根細細的杆子。乘客在定點等待纜車座位的來臨(是的！這纜車在營業時間內是不會停下來的)，然後再依照工作人員的指示跳上吊纜椅子，並手動降下安全杆子，然後便開始12分鐘怕鞋子掉的刺激旅程。

不過，「索拉羅山吊纜」其實很平穩安全，但偏偏我有懼高症，卻因為愛玩，而且又難得來義大利卡布里島，所以還是硬著頭皮抱著Ryan跳了上去。可是，我一坐上去，瞬間就後悔了，腳懸空的感覺讓人沒有安全感，掛在脖子上

的相機只能緊抓著，幾乎不敢按快門(只按了6次)，再加上雙腿上還有一位20公斤的Ryan……隨著吊纜的高度升高，我抱住Ryan的力道也越來越大；可這傢伙一點都不害怕，反而相當興奮的左右張望、看著四周美景；我一方面經歷了自己懼高症的心裡恐懼、一方面又擔心Ryan掉了下去(或是怕鞋子掉)，整個人開始沒有形象的慘叫著，像是「Ryan不要動！」或是「我好怕」等幾近語無倫次的話語。才短短12分鐘，我整個人就緊張害怕地嚇得雙腳僵硬痠麻。心理還恐懼的想著：「等一下，我是要怎麼搭吊纜下山啦！」。

好玩的是，下山的12分鐘竟然比上山的12分鐘簡單。雖然還是懼高，但卻可以撥點心思好好欣賞一下卡布里島與那不勒斯海灣的美景——櫛比鱗次的白色小房子搭配帶點迷濛水霧的大海，這只有搭乘吊纜才能看得到。另一個讓我可以放鬆一點點的大功臣，就是我手上緊抱著Ryan！

下山時，這孩子照慣例還是一派輕鬆，反過來安慰我這嚇到不行的媽咪。平時什麼都懂、照規矩來且說到做到的嚴格媽媽，這時卻忽然變成需要幫助的弱女生，這激發出Ryan內心柔軟善良的一面。看來，有時候在孩子面前適時的坦露脆弱的那一面，反而是讓孩子學習同理心、體貼助人的好機會呢！

Data

Monte Solaro Chairlift

🔗 www.capriseggiovia.it

💲 單程€7.5、來回€10 (8歲以下小孩免費)

🕐 3～10月為09:30～17:30；11～2月為10:30～15:00

❓ ①搭吊纜時後背包要前背；②上山後記得拍情人石(Faraglioni Rocks)

---

1. 令人念念不忘的「索拉羅山吊纜」
2. 搭乘纜車從港口上市區後，別忘了在纜車站旁欣賞卡布里島美景
3. 卡布里島港口MARINA GRANDE停滿了私人遊艇
4. 從索拉羅山頂上看情人石(Faraglioni Rocks)清晰可見
5. 藍洞內令人讚嘆的美景

托斯卡尼冰雹下的應對應變

　　我們在晚春初夏的5月造訪義大利。這個時節不是冷冽的寒冬，也不是酷熱的烈夏，還避開了旺季的人潮。照經驗來說，這時是非常適合旅行的季節。但是，人算不如天算，我們卻偏偏遇上了無法預期的氣候異常，在義大利的19天，一半是下雨天，其他時間也大都是低溫的陰天。例如，早上參觀羅馬競技場時還是大大晴天，中午參觀結束，前往古羅馬市場時，才沒走幾步路，就開始下起傾盆大雨。結果，古羅馬市場只能用躲雨與奔跑的快速走過。當我們租車自駕前往托斯卡尼時，還被詭異烏雲追著跑，並碰上5度低溫及義大利特製的冰雹(即「霰」)。我也只能笑著說，這是

「托斯卡尼冰雹下」吧！

　　持續了好多天的十幾度低溫，使得我帶去義大利的短袖衣服，統統都當成穿在裡面的衛生衣了。更悶的是，我的薄外套在抵達義大利的第五天拉鏈就壞了，本來想趁機大肆採購，偏偏義大利的店家們皆已換上春裝，讓人想敗家也無法敗啊！

　　可是，我們並沒有因此而氣餒或是影響旅遊的心情。

　　就像在托斯卡尼時前一分鐘是陰天，下一分鐘是暴雨夾帶著冰雹一顆顆的落下，而我卻是興奮地拉著Ryan一起看；就像在羅馬的古羅馬市場奔跑躲著忽如其來的驟雨，我邊撐著傘、邊拉著Ryan

看古羅馬市場裡整條路被泥土流淹沒的狀況。這時，不正是坦然正向面對，並帶著孩子觀察氣候的好機會嗎？

當然，如果可以選擇，沒有人希望碰到如此詭譎多變的低溫陰雨天氣。出國旅行誰不期待能碰到大好晴天，同時可拍出怎麼拍都成功且超好看的照片。只是，這些無法預期掌握的狀況，也都是親子自助旅行的一部分，既然碰到了就要面對，山不轉路轉、路不轉人轉，我們要學習轉換自己的心境、從不同的角度看待，並面對處理。旅行途中，父母對於突發狀況的反應態度及處理方式，其實孩子都看在眼裡，並在旅行途中隨時記憶、學習、模仿，而父母的應變應對，就是孩子最佳的機會教育。

像這樣不完美的旅行經驗，是這趟旅行最獨特的註解，也是親子之間最難忘的旅行回憶。

1. 一顆顆直徑0.5公分左右的冰雹，如下雨般直直落下
2. 這不是雪也不是鹽，是一顆顆的冰雹
3. 瞬息萬變的氣候變化，讓我們快速的走過帕拉堤諾之丘與古羅馬市場，卻擁有不一樣的特別回憶
4. 在托斯卡尼自駕的路上，我們被烏雲追趕著
5. 氣候異常，把能穿的衣物統統都穿上。冷，也要開心玩耍拍照
6. 下冰雹前幫Ryan拍的，此時已經是山雨欲來風滿樓

比薩斜塔的扶塔趣

在義大利幾個熱門的建築景點中，就屬比薩(Pisa)斜塔最富趣味了。

興建於12世紀的比薩斜塔，主要是因為這裡地質鬆軟的關係造成這樣的景觀。一般遊客大都只注意到傾斜的斜塔，其實斜塔旁的主座教堂、洗禮堂等建築也都是傾斜的哦！只是比薩斜塔因為其58.36公尺的高度和仿羅馬式的建築外觀，在奇蹟廣場上特別醒目，也因此成為了代表義大利的形象之一。

①

如此特殊有趣的建築物，當然成為我與Ryan的討論話題。我們搭火車從翡冷翠(佛羅倫斯)抵達比薩，再從比薩中央火車站步行前往斜塔。當愈走靠愈近時，Ryan一眼就發現比薩斜塔的塔頂，那雕工精細有如一頂皇冠戴在圓形塔樓上，的確令人印象深刻，Ryan發現了自己熟悉的建築時非常興奮，他督促我們加快腳步抵達目的地。走進奇蹟廣場，眼前那朝朝暮暮惦記、期待的比薩斜塔就這麼忽然跳映在我們眼前，一旁還有那費盡心思擺著各種姿勢正與比薩斜塔合照的遊客們。

Ryan一看到比薩斜塔，就超興奮地拉著我們往前衝，然後找好合照位置，就開始跟其他來自世界各地的觀光客一樣，擺POSE拍扶著鐵塔的照片。雖然我們造訪的這天是鬱悶的灰白陰天，沒有完美陽光及藍天白雲的襯托，我怎麼按快門拍，就怎麼都不好看，不過看著觀景窗前Ryan滿足又開心的笑容，就彷彿是這陰涼的天氣中霎然出現的太陽，溫暖著我們的心。

我們沒有預約登比薩斜塔，但還是仔細看了看比薩斜塔到底是多傾斜的程

度，這也加深Ryan對比薩斜塔的認知與印象。雖然Ryan是個愛看書且不限領域涉獵的孩子。不過，書本照片畢竟是平面，而且是別人的知識與經驗，唯有用自己的雙腳、自己的眼睛去感受，才能真正深植在孩子心中，並內化轉成自己的回憶與知識。這也是我們無論如何都要大手牽著小手，親身一起去旅行、體驗這個世界，因為這才是最真切、最幸福的事！

1. Ryan開心的扶著比薩斜塔
2. 奇蹟廣場上的比薩斜塔與主座教堂、洗禮堂、Camposanto墓院
3. 廣場上滿是擺著各種姿勢拍照的遊客
4. 鴿子也喜歡聚集在人多的地方，因為小朋友們最喜歡餵鴿子了

❷

笑一個喔

在威尼斯遇見施華洛世奇

安排威尼斯行程時，我特別把聖喬治馬焦雷教堂(Basilica di San Giorgio Maggiore)排進去，為的是他的特殊位置：它位在一般遊客必到且總是擠滿人的熱門景點總督宮、聖馬可廣場、聖馬可大教堂正面對的聖喬治馬焦雷島(San Giorgio Maggiore)上。我當時想，如果能搭船到對面去，從不同方向來看威尼斯本島，會是很棒的經驗。

實際上，聖喬治馬焦雷教堂的確是個遊客不多、輕鬆悠閒、視野佳的好景點。走進聖喬治馬焦雷教堂裡，我們一眼望見教堂正中央有個與教堂不大搭的半圓形裝置，還有一位工作人員站在旁邊隨

時提醒遊客不要觸碰。我不清楚為什麼教堂裡要擺著一個這種裝置，後來才知道原來這是由John Pawson設計施華洛世奇(SWAROVSKI)有史以來最大的OPTIK LENS鏡頭，而我們造訪的那天，則是幸運的碰到展期前一天的準備日。

當時，我正在觀察研究並拍照。旁邊一組一樣在拍照的漂亮美女走過來問我會不會講英文，一聊之下才知道他們正在進行拍攝工作，還問我能不能讓Ryan當Model入鏡。這種好玩的事，我想也沒想就直接答應，只有請他們事後寄照片給我留作紀念。我拿到她的名片便直接收下，一直到拍攝及參觀教堂結束後，

微笑帶來幸福

人生就是，晴也幸福，雨也幸福。

（攝影／秋元孝夫）

96歲，住在日本 65年

珍妮‧柏絲（Jeanne Bossé）加拿大修女暢談，

無論從幾歲都能開始的「閃耀人生的40個習慣」

撫慰人心的糕點食譜

珍妮‧柏絲一生不會退休，

總是在修道院迎接尋求真理與心靈安慰的人。

她的查經班學生在下課時，

可以喝杯茶，品嘗一塊她親手烘焙的蛋糕。

本書附錄了她常做的糕點食譜。

讓今天的我不一樣，讀完《微笑帶來幸福》之後……

——張芳玲給「熟年優雅學院」總編輯

封面上就是珍妮‧柏絲的招牌笑容，和她天天梳理的髮型。

她說，每一天她都把自己打扮得有精神，走路直挺挺，並且真心微笑。這微笑是怎樣來的？透過放下沈重，透過憂慮，透過原諒他人，透過看見彼此理解，透過拒絕憂慮……喔，還有「透過一副粉紅色的眼鏡」！

是什麼意思呢？就是「換個鏡片來看東西」、「換個角度來看」，讓別人感染幸福的笑容，你就能露出幸福的笑容。讓自己愉悅，也解了。

就是讀完這本書，我開始留意自己的表情。

珍妮‧柏絲寫道：「微笑是每個人都有能力送出的禮物」。我不禁思索，當別人微笑時，是不是你會送以微笑？如果大家都彼此微笑，是不是心情就輕鬆多了？那先微笑吧！就這樣子，從醒來刷牙站在鏡子前面微笑，到回家開門就立刻對家人微笑，到上街買東西微笑……

自從我臉上的表情出現微笑之後，機運也跟著改變了，好事連連發生，我忍不住提筆寫給親朋好友，分享近來發生的好事……是的，珍妮‧柏絲，我親愛的老姊妹，妳說的沒有錯：用微笑當作禮物每一天送給認識和不認識的人，讓實帶來和諧、幸運、健康、美麗。

（更多《微笑帶來幸福》「好事連連」運動，詳情請見「熟年優雅學院部落格」）

40個讓你放下的幸福造句

只有內心溫暖的人，才能每天掛著微笑。

微笑帶來幸福，也成為她長壽的祕訣。

珍妮‧柏絲「幸福小語」，

每天可以用一句在心中默唸。

40篇短文，是40個閃耀人生的好習慣。

每天都打從心裡，散發微笑的臉龐。

她說：就算撿到「擔心」的種子，別種下就好了！

放下生命中沈重的負擔。

畢竟寬恕別人就是善待自己。

保持開朗的心情，和神清氣爽的儀容。

老了之後，量力而為，絕對不要逞強。

但對於想做的事情，不要擔心年紀。

迎接新事物，與年齡無關。

好好的東西才值得傳承一代，好東西不是立刻就能得到的，需要存錢前用好心地等候。好東西值得你繪一代傳承，心地住才是前東西。或，存錢前用好心地等候。

● **堅持用好東西，而不是存很多錢**

事情活著未來確實一天比一天自己值得長久。要達到這個目的，無論如何都要選得才是好東西，這個目的就達到了。

● **自己的事情自己做，就會長壽**

幾年前才能收手，吃到柿子成了。我們想要種柿子，令天這種子，一次等待到。我等待嗎？沒去種下，五年等人。

● **89老＋86＝175 越做著越美麗的人生**

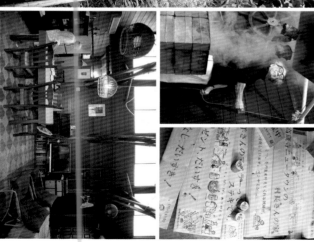

表示會需要好動的人生。

如果為了修一手說著迷著自己的夢想，英國的帆船必須有，女兒津編著青春的男人迷著，台灣踏上大溪地，88歲就好了，參加中文版的旅之，直到今天退休後，新書的旅，89歲。

其他的的夢想就是自信在量中的祕訣就是告訴熟年者想要支持自己主動想要掌握住自我扶助並且有朝氣有活力自己活力。

● **89歲的人生使命**

（攝影／落田和子）

太雅出版社

台北市 11167 劍潭路 13 號 2 樓

TEL：02-2882-0755 ／ FAX：02-2882-1500

E-MAIL：taiya@morningstar.com.tw

太雅部落格：taiya.morningstar.com.tw

熟年優雅學院部落格：aginggracefully.pixnet.net/blog

「有這樣家真好」

名古屋實地採訪報導 — 張芳玲〈熟年優雅學院〉總監

二○一二年的冬天我在三省堂書店看見《積存時間的生活》，放在「農業出版」類的書架上，我被封面那張圖片吸引，我拿起書來，就一直盯著照片裡面的客廳、餐桌、燈光、還有坐在餐桌兩旁的津端夫婦，他們的面貌、髮型……這到底是怎樣一個故事呢？二○一三年春天我拿到了這本書的代理權，接著我只巴望「親自走進那張封面」，跟津端夫婦坐在那個屋內，一起圍在那張餐桌，吃幾樣英子做的食物……。

（圖片 張芳玲）

▲ 修一為我做的木片杯墊，刻了小圖，寫上歡迎詞。2019.10.25.

▶ 運用插圖、剪報、照片等，數不清的活頁夾每本都有精彩的故事。

▲ 他喜悅地分享 88 歲還能到大溪地開遊艇的旅行經歷。

這座「迷你小屋」是做給孫女的，但其實她已經長大了呢！

▶ 資料庫按照年份、主題整理的學術研究論文與資料。

▲ 走進原書封面，出版人的圓夢之旅。

▶ 好好對待土地，它對人類的報答就無止盡。桌上點心全部是自產自製。

熟年優雅學院
Aging Gracefully

什麼是〈熟年優雅學院〉—

Aging Gracefully，優雅而睿智地老去，絕對比只想健康地活久一點，更具魅力。

我們所引見給您的優雅熟年人物，不是邁入晚年才開始經營他們的 Aging Gracefully，

而是一直以來，他們就是對生命充滿熱情的人，在自由時間變多之後，活出更多倍的熱情！

執著而有紀律地做著他們喜愛的事情，直到時日足了，生命的畎田呈現出燦爛的果實……

執筆即上官網，與我們連結，未來可以收到新書資訊和講座活動。

1. Ryan當攝影師拍施華洛世奇工作人員
2. 聖馬可廣場上的總督宮、聖馬可大教堂與廣場鐘樓，讓你一次滿足
3. Burano全島唯一外牆塗很多顏色的房子CASABEPI藏身隱密的小巷弄內
4. 威尼斯本島附近的布拉諾島(Burano)，因為家家戶戶的外牆漆上不同顏色而得名「彩色島」
5. 漫步在威尼斯巷弄間，載著遊客的貢多拉
6. 聖喬治馬焦雷教堂
7. 施華洛世奇的攝影師幫Ryan拍攝的照片(圖片提供／施華洛世奇)

Data

聖喬治馬喬雷教堂
(Basilica di San Giorgio Maggiore)

💲 免費、鐘樓登頂€6(OPEN TIME：09:00～19:00)。

❓ 參觀重點：①丁多列多Tintoretto《最後的晚饗The Last Suppe》；②鐘塔登頂€6

走出來確認一下名片是否還在口袋時才發現，是施華洛世奇！

外國人對孩子實在又愛又包容，雖然我有先跟Ryan說要配合拍照，不過大致上工作人員都是完全讓Ryan自己發揮、隨意的做動作。這讓我們、工作人員及在場遊客統統在旁邊笑翻了，拍攝完畢，換成他們3位工作人員入鏡，然後由Ryan按快門線，沒想到Ryan到了義大利也當了專業攝影師呢！

這趟旅行多了6歲大班生Ryan，儘管造成些許不便及不悅，但卻也因為他而讓我們擁有不一樣的旅行經驗及樂趣；也才碰到了像這次特別又溫馨趣味的旅行插曲。Ryan與我們一同出國旅行，不但一起開闊了視野，也讓我們心胸更寬廣，用「兵來將擋、水來土掩」的心境面對所有旅行途中的好或不好！

科莫湖畔的惬意寫生

位在米蘭(Milano)北邊50公里的科莫湖(Lake Como)，是緊臨阿爾卑斯山南麓的人字或倒Y字狹長型湖泊。在旅行的最後第二天，我把整個白天的時間全待在這米蘭郊區的後花園裡。我們從米蘭搭私鐵前往科莫(私鐵的終點站離科莫湖較近)，接著從科莫(Como)搭公車前往貝拉喬(Bellagio)，然後再從貝拉喬搭快艇前往瓦倫納(Varenna)，最後在瓦倫納搭國鐵回到米蘭。

從米蘭到科莫湖，我挑3個重點小鎮繞了一圈，時間也相當足夠。雖然這幾個小鎮都不大，不過每一條小巷子內都別有洞天，很適合旅人悠閒散步並細細品味。尤其，近幾年科莫湖較少東方旅行團安排行程至此，所以我們是唯一一組的東方黃種人觀光客，並在這裡悠閒待了一整天。很喜歡置身在這樣沒有熟悉言語的環境中，真正有種身處異國的放鬆。

在這裡，我們看到公車司機沒有因為乘客沒有事先買好車票而拒載，而是出發後貼心停留在有賣票的雜貨店門口，讓乘客下車買票再上車；在這裡，我們碰到快艇公司的工作人員為了讓Ryan開心的拍照，還特地要我們等他一下，跑進辦公室(我們以為是等他去處理事情)拿了2頂工作帽要Ryan一起戴著合照等等，這些細微的旅行片段，讓我們對一向冷漠的北義人有著不一樣的溫暖經驗。

最後，我們在瓦倫納停下腳步，在層層疊疊、色彩斑斕的屋子旁，隨意找個近湖邊的地方席地而坐，欣賞這有如仙境般的湖光山色美景。感謝老天爺好心的給了我們個晴朗的好天氣，望著湖景，看著遠方靄靄白雪的阿爾卑斯山脈光影映在水面上的波光粼粼，有種像是夢境的錯覺，美極了！而此等美景能與最親密的家人一起共享，更是最幸福的事了！

此時Ryan拿出背包裡寫生的工具開始畫畫，一家人享受既平靜又放鬆的美麗時刻。

1. 鵝卵石路配上鵝黃牆面，貝拉喬小鎮的小巷極具美感
2. Ryan寫生的表情超認真
3. 畫好後還拿去跟坐在湖邊的一家人聊天
4. 轉乘快艇前往對岸的瓦倫納
5、6. 瓦倫納小鎮的聖喬治馬教堂(Chiesa di San Giorgio Varenna)使用彩色蠟燭相當特別
7. 很多退休人士在這裡居住，常會見到許多長者在此消磨時光
8. Ryan與非常友善的快艇公司工作人員合影

Grazie!
(謝謝)

穿梭在超市與市集挖寶

在國外自助旅行，除了要造訪景點、建築、博物館及美術館之外，還有一個地方是不管跟團或是自助旅行者都不容錯過的地方，就是超市(或市集)了！

超市，可以說是背包客的好朋友啊！在超市什麼東西都買得到，而且價位便宜、食材新鮮，尤其是旅人在旅行途中需要補充的水、牛奶及水果等等食物。若是你的住宿旅館有提供廚房，還可以買菜回旅館自己煮呢！這不但可以更貼近當地人的生活，而且還可以省一些旅費，一舉多得。

所以，我在行前一定會找好旅行城市中大大小小的超市位置(還利用Google街景找到好幾家超市)，即使不曉得超市在哪，也可以仔細看著人來人往的行人手上拿的大型購物袋，然後跟當地人指著購物袋詢問地點，通常他們都會告訴你。

在義大利，我們每移動到下一個城市，到旅館check in安置好行李後，大都會先會到附近的超市逛逛，好奇的Ryan總是對新環境或新事物充滿好奇心，並在超市裡問東問西。他還特別喜歡幫忙拿，我們也從善如流的讓他自己比價、挑選想喝的牛奶、優格或是想吃的麵包、點心，還趁機上了堂數學課呢！

在義大利超市購買水果，方式跟台灣不太一樣。在台灣，我們是自行挑選裝袋後，由賣場人員秤重貼標籤。在歐洲則是要自行點選購買商品的價格，然後再自己秤重貼標籤，整個是非常良心的自助方式。因此，當店家給予我們更多的掌控權時，我們更要照規定，而這也給Ryan一個品德教育的機會。貪小便宜並不會比較富有，反而會使人心更貧窮罷了！

值得要注意的是，歐洲超市有大小不同的規模，除了店面大小與商品種類多寡成正比外，價格則是成反比哦！也就是說，盡量找規模愈大間的超市，不但

⑤　⑥　⑦　⑧

商品種類多，買紀念品也方便，而且價格更便宜哦！

另外，我們在歐洲很喜歡逛逛當地傳統市集。所以托斯卡尼租車自駕行程的第一站，我安排在奇揚地小鎮格雷韋(Greve in Chianti)及週六市集，體會當地人真實的生活樣貌。

格雷韋週六市集跟台灣的傳統市場好像，包辦了當地人生活中的大小需求。除了新鮮的蔬菜、水果、肉品，還有其他生活雜貨和衣服帽子樣樣齊全。聽著攤販招呼客人的吆喝聲此起彼落，看著婆婆媽媽們提著雨傘，手上掛著菜籃或推著購物袋，一路東挑西選，還一邊跟店家或朋友八卦聊天，若不是我們造訪

時是超低溫的下雨天，忙著幫Ryan找合適的保暖衣服，不然我們會有更多時間可以一攤一攤的慢慢逛。還好，我們後來在廣場旁的百年肉品店Antica Macelleria Falorni買了張品酒儲值卡開喝了起來，Ryan則在旁吃著免費提供的配酒麵包與起司。雖然外面下著大雨，但絲毫不減我們的遊興，並深刻融入當地生活了！

1、2. 超市都頗具規模，生鮮蔬果、乾貨雜糧等等一應俱全
3. 沙拉三明治除了可當早餐外，亦可攜帶隨時解飢
4. 買些火腿和起司搭配麵包就是道地的早餐
5. 威尼斯的露天市集
6. 圍繞著Piazza Matteotti廣場的格雷韋週六市集，有水果、蔬菜、衣服、工具及廚房用品等攤位
7. 百年肉品店Antica Macelleria Falorni請認明門口的豬雕像
8. 在店內買了張品酒儲值卡，品嘗奇揚地紅酒
9. 超市熟食區務必不要錯過，買回住宿旅館熱一下即可食用

📌 貼心小提醒

旅行時能在超市買什麼

1. 水、果汁、牛奶、優格。
2. 超市或市集的水果既便宜又新鮮。
3. 當地啤酒或紅白酒。
4. 麵包或熟食比外面餐館要來得經濟實惠。
5. 咖啡、道地醬汁，或紀念品。
6. 如果住宿旅館沒有供早餐：可選擇麵包、吐司、火腿、起司、生菜等，自己做道地早餐。
7. 如果住宿旅館有廚房：可購買咖哩醬、義大利麵醬等調理醬、義大利麵、米、馬鈴薯、綠花椰菜、玉米等新鮮蔬菜，可以料理一餐豐盛道地又便宜的美食！

⑨

穿梭車站的緊握雙手暗號

當初在挑選旅行國家時，很迅速地挑了義大利。殊不知，我壓根完全忘記義大利是黑手黨的大本營，治安是出了名的不好，跟團被扒被偷的新聞時有所聞。何況我們是帶著小孩前往自助旅行的背包客。不過，因為旅館都在詢價Booking了、書籍資料也開始研讀準備，頭都洗一半了，想想只好硬著頭皮繼續

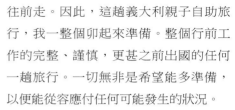

往前走。因此，這趟義大利親子自助旅行，我一整個卯起來準備。整個行前工作的完整、謹慎，更甚之前出國的任何一趟旅行。一切無非是希望能多準備，以便能從容應付任何可能發生的狀況。

出國旅行，最重要的是人身及財產的安全。這也是我最在意的部分。我們開開心心的牽著Ryan出國，就要平平安安的再牽著Ryan回家。於是，我在行前做了很多與「安全」有關的準備工作，例如先了解該國可能會碰到的狀況及手法。像是在米蘭大教堂前，有很多拿著一大把幸運繩的黑人會出其不意的直接綁在遊客手上，然後伸手索價等，希望透過先預知可能會碰到的情形，在查覺不大對勁時，馬上就可以即時反應，並順利全身而退！

在義大利，我們只要一走進火車站、地鐵站等重點大站及大景點時，就會特別提高警覺，而我與Ryan互相牽著的手就會不時的緊握，這是我們隨時提醒對方要特別注意的「暗號」。這個提醒我們周遭有嫌疑人的祕密暗號，有時候或許讓我跟Ryan緊張些，但多一分注意就是多一分安全，當小偷扒手覺得我們不好下手時，我們就平安了！

每當與Ryan雙手交握，那手一緊、眼神交會、互相領會的同時，我特別有一種與Ryan交心的感覺。我看到Ryan在保護媽媽的自信與成就感。雖然，他只有6歲，但自己可以幫上忙的自信，相對地在他心中累積正向的能量，這也是我們親子旅行在維護人身財產安全之外，一個很棒的收穫！

貼心小提醒

父母須叮嚀孩子保持警覺心

　　維護安全我認為最重要的就是「保持警覺心」，這個態度到哪個國家都適用。我常跟Ryan灌輸，不管在義大利還是台灣，或是世界上任何一個國家，都有好人與壞人，一定要保持戒心、分辨好壞，這才是最重要的。由於父母不可能一輩子都陪伴在子身邊保護他，這時可趁著自助旅行，好好的訓練孩子們的敏銳度與對自己負責的態度。

　　因為我們這三個背著後背包的大小背包客的留心，因此平安順利地完成19天的義大利親子自助旅行！

1、2. 在車站合影，請與孩子牽好手並隨時保持警覺
3. Ryan正在協助我們找車廂，可愛的小幫手
4. Ryan自己負責一個行李箱，非常注意行進安全
5、6. 義大利搭火車前，請務必找打票機打票，未打票會被罰款哦

在侯硐貓村培養孩子 對動物的正確觀

喵～

　　我家3個兒子愛貓勝過狗。他們對熱情飛奔過來、或是有敵意、齜牙裂嘴低吼吠叫的狗兒懼怕；或許是貓咪那慵懶溫順的姿態吸引著他們，他們3個總是喜歡不時的尋找他們的蹤影，然後開心的摸著貓咪就是種滿足。

　　所以，在我們家點玩率最高的旅遊地，就屬位在新北市郊區，且被列為世界賞貓六大景點之一的「侯硐貓村」了。

　　「侯硐貓村」的貓咪，在愛貓人士與居民的努力之下，擁有很友善的生活空間。牠們慵懶的散步在這依山巷弄中，吃吃東西喝喝水、整理毛、發呆放空、閉眼休息、睡覺，動靜之間，貓兒的生活就好像是與居民及環境融合為一體的感覺，或許也互相依賴。

要愛護我唷

1. 孩子們好奇的看著貓咪
2. 在侯硐亦可搭乘火車到平溪線其他站遊玩哦
3. Ryan愛膩的摸著貓咪
4、5. 侯硐貓村裡模樣可愛的貓咪們，謝謝你們帶給我們歡樂

　　只是，當大批的遊客的湧入，改變了「侯硐貓村」的平衡時，身為遊客的我們，也有必要入境隨俗，讓這裡的居民與貓咪在歡迎遊客來訪時，還能維持著他們既有的生活形態，這需要小小的智慧與學習。而如何讓喜歡貓兒的孩子，在玩樂中注意安全，並對動物及大自然有同理愛心，不要做失格的旅人，就成為我給孩子的自然共處旅遊行前教育。

藉機與孩子聊聊養寵物的責任

　　我常常會教導著孩子要設身處地的為他人著想，也唯有不以自我為中心、凡事多考慮一點，這樣即使我們臨時遇到沒有處理過的狀況，也能圓滿的解決。就好比前往「侯硐貓村」時，我們走在別人家的巷弄間，甚至是騎樓下，只要一眼就可看到居民住家的內部擺設，而身為過客的我們，應以不干擾為原則安靜經過，尊重他人。

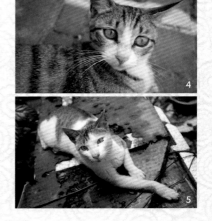

在「侯硐貓村」裡，我們碰到了各式各樣的貓咪，Ryan還會依照貓咪的花色來猜他們是不是一家人。因為從小就灌輸孩子們要愛護動物的觀念，所以很喜歡貓咪的他們，即使想親近貓兒也只會輕輕的撫摸著貓咪。但值得提醒、教育孩子的是：不要隨意摸貓咪。因為摸貓的舉動可能會因此觸及患有疾病的貓咪，有傳染病擴散的可能，或有可能會引起貓咪的不滿而伸爪反擊，這些都是在行前及遊玩中，需要再三提醒孩子注意的事。

此外，貓咪們吃的是適合牠們的食物。孩子不可以任意餵食人吃的食物，甚至是隨手正在吃的點心、零食給貓兒。因為，貓咪可能輕則生病、重則致命，這不是愛牠們，這是害牠們！

當然，我也會藉機會與孩子聊聊人類與寵物之間的關係。在寵物的世界，主人往往是他們生活的唯一，牠們多半忠心耿耿的陪伴著主人至終老；如果要養寵

1. 倚靠在窗邊打盹的貓咪，請不要打擾他哦
2. 侯硐居民與遊客
3. 開心的與侯硐貓村的裝飾物合照
4. 3個小孩同姿勢爬著樓梯，形成有趣的畫面
5. 依山而建的侯硐貓村
6. 可愛的告示牌
7. 為貓咪們所架設的街貓布告欄，可以依照片找尋他們的蹤影哦

4 5

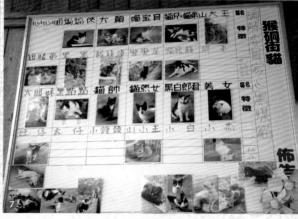

6 7

物，首先就是以認養代替購買。生命並不是商品，而是
真誠對待的家人，愛牠，就讓該得到幸福的動物們有個
溫暖的家。身為父母的我們，應該讓養寵物這個行為更
有意義。而且既然養了，就是責任，就要負責牠們一輩
子，千萬不要半調子養到一半而棄養，這是非常不負責
任的行為！

　　在「侯硐貓村」裡，我們悠閒的探訪寧靜純樸的村落
及不怕生的貓咪們，當我與孩子聊生命與責任，跟先生
兩人隨意地倚靠在牆邊，看著我們的孩子開心的找貓咪
玩耍，雖然一切很平淡，但這就是最幸福的畫面。

第一次與孩子的
日月潭過夜小旅行

跟大多數人不一樣，我是懷了Ryan才開始愛上自助旅行的。想當年Ryan在我肚子裡才剛滿3個月，我就出發前往日本京阪奈自助7天。當時，跟著大家四處趴趴走，還爬了高雄山頂的神護寺、而且不顧孕婦身分追公車，這些點點滴滴啟發了我內心深處那顆愛旅行的心。之後，我接連生了Ryan及雙胞胎弟弟，在短短的3年間瞬間躍升為3個小孩的媽。

有了孩子(而且還是3個兒子)，並沒有消減我們愛旅行的心，反而增強我們想帶著3個孩子一起旅行的勇氣。不過之前因為受限於孩子太小，所以只能選擇當天來回的郊外跑，能跑的點有限。但我的心總是惦記著一個夢想，就是帶著孩子看看這個世界，體驗不同國家的生活。

我們在Ryan4歲、雙胞胎1歲9個月時，選擇前往南投日月潭進行首次2天1夜的過夜遊。兩人挑戰帶著3個孩子出門在外過夜，而這趟旅行也是雙胞胎孩子小鈞、小恩在不熟悉地方住宿的初體驗！

未帶推車及餐椅的第一次挑戰

對於有未滿2歲小孩的家庭來說，推車與餐椅是出門必備的好物。餐椅或許餐廳會提供，但推車就一定要自己帶了。我常看到3、4歲以上的孩子出門，仍然被父母推著坐在推車裡，但這不是我想要的旅行方式，我希望我的孩子能盡早用自己的雙腳去體驗這個世界，也讓他們懂得玩耍是需要付出的。

雖然，那次把前後式雙人推車帶了出門。但僅只在伊達邵商圈巷弄裡閒晃時使用。隔天搭船遊湖，我們很大膽的連推車都沒帶就上船了，如果孩子走累了或想睡覺就抱著；另外，為了精簡行李，平時我們慣用的餐椅2張更是直接放在家裡沒帶出門。吃飯時，孩子有兒童餐椅就坐，沒餐椅就請他們乖乖坐在一般的餐廳椅子。

平時養成固定作息，外出也絕不晚睡

我規定我家3個孩子一個固定作息的環境。在生活作息上，除了不會無所適從、有安全感外，我也讓他們從小就養成早睡早起的好習慣。所以我家的作息是早上6點起床、晚上9點睡覺，在家如此、出去玩也是如此。不會因為出去玩，讓孩子多玩一點而改變原本的作息，甚至晚睡。只要時間到了，孩子就是熄燈睡覺。想玩，明天再繼續玩！

貼心小提醒

未滿2歲的孩子外出怎麼吃

如果是當天來回行程，我們在出門前多把當天的午餐煮好，裝在保溫便當盒內一起帶出門餵食，然後再趕在天黑前回家吃晚餐。

但在外過夜的行程，無法把小孩出門的幾餐餐食煮好帶著，所以，可以先在家裡準備了第一天的午餐帶出門，晚餐則是選擇清淡版的炒麵或炒飯。隔天早餐吃住宿旅館提供的稀飯，順道再裝了一些作為他們午餐的分量(但請注意要先詢問旅館是否同意)。

1、2. 我們不依靠推車，和孩子一起用雙腳旅行
3. 帶3個孩子出門過夜，選擇有木地板的4人房，安全又舒適
4. 清晨5點多的日月潭，濛上一層薄霧頗具詩意

旅行，是生活也是學習

　　雖然只有短短的2天1夜，我們卻已經看得出孩子的成長。像平時吃飯愛拖拖拉拉、東扯西扯的Ryan，這時卻可以很快速的吃光自己的餐點，讓我們在忙雙胞胎弟弟之餘，不需要另外照顧他；而穩定性較差的小鈞，也不遑多讓地讓我們感受到他的進步，竟然可以乖乖坐在普通的椅子上吃飯。之前如果是這樣狀況，他應該早就溜下椅子了！至於一向愛哭、不愛走路的小恩，也很認分的跟著我們趴趴走，這就是旅行所激發出孩子們的潛力啊！

　　這趟2天1夜的小旅行，對我們這對愛旅遊、愛往郊外跑的父母意義重大。這趟小旅行，著著實實灌注了滿滿的勇氣在我們心底，並充滿著「原來我們2個大人帶3個小孩也能當背包客」的感動與能量！而且，沒有推車與餐椅的幫忙，但在這2天1夜的時間裡，媽媽我還能拍一千多張的照片，可見不管大人、小孩通通都有潛力呢！

　　我跟老公在回家的路上，相視一笑，緊接著我們要來排下一次旅行了。

1. 就是這個父子一起席地而坐的畫面讓我心中充滿著感動
2. 這是我心目中最美的倒影
3. 伊達邵遊客中心是遊客必留影的建築之一

貼心小提醒

旅行就是最好的教室

　　其實，孩子不是不懂、不是不會，而是沒有這種環境讓他們學習、體驗、實踐，進而成長。旅行就是最好的教室，而我們做父母的也是這間教室裡的學生，陪伴孩子一起學習。

我們一起研究北埔老街的地圖

三代同堂的文化知性之旅

　　沒有與長輩們同住的我和家人，總是喜歡趁著相聚的時刻約長輩一起外出走走，藉此增加彼此出遊的回憶，也累積爺孫們的感情。趁著孩子的外公、外婆來台北的假日，由閩南外公與客家爸拔帶隊，祖孫三代一起同遊新竹北埔老街。

　　北埔老街周邊非常適合安排一日遊行程。旅行經驗豐富的我們，總是喜歡趁著一大早就出發，早點抵達目的地好停車、好逛街又好拍照。這裡古色古香的建築保持得很好，有些房子甚至仍有人居住，可以悠閒地在走在古廟磚瓦巷弄間。這裡有全臺灣唯一倖存的一座公館——金廣福公館，它更因為其歷史意義與特殊性而被內政部指定為第一級古蹟。

一堂六橫古式建築的姜秀鑾故居，有人居住不開放參觀

1、2. 北埔老街的建築與磚瓦巷弄
3. 香火鼎盛的三級古蹟北埔慈天宮
4、5. 土角厝的牆垣，相當具有教育意義
6. 顆粒研磨到出油變膏狀才算完成
7、8. 賣力的磨擂茶中，頗富趣味

外公解說歷史，充當孩子的導遊

除了國家一級古蹟，北埔老街還可以看到一座堂屋、六槓橫屋的「一堂六橫」。從歷史建築到人文氣息，我們帶著孩子認識客家傳統三合院建築形式，從北埔老聚落的導覽地圖中的指標，看著一口口水井指認並想像古早居民打水的傳統生活。我們還在一口北埔街2巷的水井旁發現了洗衣石板，孩子聽著外公仔細介紹這洗衣石板的用途與使用方式，一段段一起遙想著外公年幼時的困苦生活。

在磚瓦矮房的巷弄中穿梭時，我們在一排磚瓦牆中發現了一棟特別顯眼突出的房子。房子的牆上不是紅磚瓦，而是泛黃且絨黃的斑駁色系，好奇的走向前才發現，這牆面是由稻草、糯米、牛糞混成泥塊所形成的牆垣。從前，大部分人的生活並不富裕，我的爸爸常常三餐就吃地瓜籤圖個溫飽（還不一定有米飯可吃），更別提擁有一間遮風擋雨的房子。所以只能就地取材，建造這棟下雨可能就會變成泥漿的土角厝。

孩子聽著外公介紹房子的歷史、述說往事，彷彿時空倒流到我老爸的青幼年時期。雖然他生長在貧困的家庭，年紀輕輕就得放棄學業、外出工作以維持家計，不過他非常上進努力，把事業與家庭都經營得相當成功！這一刻，也勾起了我小時候的點點滴滴，就好像爸爸正在教我課業的情景，好熟悉好溫暖的感覺。

親子動手做，融入在地文化

在悠靜且充滿在地歷史味道的紅磚巷弄內走累了，此時也差不多將近中午用餐時間，我們選了間供餐且有擂茶DIY活動的餐廳。

擂茶是客家人早期招待貴賓的一種茶點，貴客臨門不一定要請吃飯喝水，但一定要請貴賓喝擂茶。從這兒，就可以知道擂茶在客家人的地位是多重要了。

吃完午餐後，我們桌上很快就準備好要做擂茶DIY的工具及原料。首先，將較大顆粒的花生倒入擂缽，手持擂棒運用槓桿原理，用上方的手為支點、下方的手旋轉研磨碾碎，不是無章法的用蠻力用力敲，這需要花一點心力慢慢的磨、慢慢的加入其他食材(如茶葉、芝麻等等)，研磨的程度須成膏狀出油才算完成，這步驟至少需費時30分鐘，我們大家輪流一起完成，然後加入熱水及其他綜合穀粉，再輕輕攪拌均勻就大功告成了！

將擂茶舀入碗裡，細細品嘗這自己磨的擂茶，微澀的茶葉香氣混合著各種堅果味道，別有一番風味；灑一點米仔更增添擂茶的口感。請記得用擂茶棒邊喝邊攪拌以免沉澱，妙的是這擂茶棒也可以吃，是梅子口味呢！

我想讓孩子多多認識這塊土地的歷史與人文，並且用輕鬆簡單的說故事方式讓他們感受。這樣，比起相隔一條街的現代美食街吃吃喝喝來得有意義多了。這個北埔傳統建築與手磨DIY擂茶的知性之旅，最後以採草莓完美結束行程。

Part

3

結束旅行後
的回饋與引導

　　不管你是去哪些國家哪個地方旅行，出國再久，總是
有行程結束的時候。但是，當你依依不捨搭飛機(或船)
回台灣時，這趟旅行就這麼結束了嗎？

　　我不認為！

　　我覺得，當旅行結束回到家後，才是這趟旅行另一段
影響更深、更遠的歷程。讓旅行前與旅行途中所獲得的
點點滴滴，在日常生活中持續發酵，並在生活中經歷旅
行，這趟旅行回憶內化在我們的生活周遭，才是親子自
助旅行最深遠的意義。

從書籍延伸，
在書香中繼續旅行

通常，爸爸媽媽都會希望孩子養成愛看書的好習慣，那麼，建議在旅行結束後，利用孩子剛玩回來的新鮮感與興奮，用書籍一起在書香中繼續旅行。

繼續保持看書的習慣

行前準備時，每天陪著孩子一起查資料、看書及討論的準備時光，在旅行結束後請不要也一起結束囉！

與孩子共讀，陪伴是最好的教養

一起來
看書吧！

　　其實，陪孩子看書的習慣在孩子出生後就要開始培養了。並不是因為要準備親子自助旅行才開始看書，但如果這個習慣還沒有養成，就更要把握與孩子一起準備出國旅行的機會。因為大量接觸書籍、吸收知識，會進而愛上看書的這個行為，然後請你就這麼繼續保持下去！

　　而我們希望能培養出愛看書的孩子，所以在Ryan出生後，就營造一個充滿書香的小窩，不管是什麼形式的書(像硬紙書、觸覺書)，不論是中文還是英文，讓Ryan隨時想看書即拾手可得。

身教重於言教，帶著小孩一起看書

　　另外，父母也要注意自己的行為。不要只要求孩子看書，然後父母看電視或玩電腦，這樣的行為孩子都會看在眼裡。他們或許會覺得，為什麼爸爸、媽媽一直叫他們看書，然後自己卻看電視或電腦，於是，就會拋下書跟著父母一起看，這樣是沒有辦法把看書的習慣內化，甚至讓他們發自內心喜歡看書。

　　言教重要，身教更重要。我們家平日是不開電視的，只有假日偶爾會看些輕鬆寓樂的節目或電影。晚上要使用電腦，也是等孩子們都睡了才使用；像智慧型手機或平板電腦，我們絕對不會給孩子作為打發他們之用，盡量減少孩子接觸電子產品的機會。

　　日常生活中，把看書這件事當作是一種作息、一種習慣，在這種穩定的氛圍中成長的孩子，當然自然而然就會是個愛看書的孩子囉！

減少孩子使用3C產品，
多看書、多親近大自然

🌱 善用圖書館的公共資源

要持之以恆的閱讀，並有源源不絕、豐富多樣的書籍是最幸福不過的事了！而遠在天邊、近在周遭環境的「圖書館」就成了最棒的書籍來源。而且這些書籍只要辦一張借書證就可以免費借閱，這項公共資源可要好好的善用！不然非常可惜！

不過，若是你現在直接走進圖書館裡，還不一定可以馬上就找到相關的繪本。所以，建議你先上圖書館網站中的館藏查詢，與孩子一起挑選適合的書籍繪本，選好後，用通閱的方式預約，將其他分館的館藏書籍轉送到方便前往的分館，此舉可把資源發揮到最大，也大幅的提高便利性及借閱率，等收到取書通知時，再帶著孩子及借書證一起開心的去借書吧！

如果以台北市來說，共有六十多個分館；新北市因轄區腹地廣，有百間分館；南部的高雄市也有60個分館，更特別的是，還有以文學為特藏的高雄文學館，以及提供15萬冊中外文的藝術圖書的大東藝術圖書館。這可是大小朋友都適合去挖寶的地方，就讓我們一起好好的來利用，別讓公共資源成為蚊子圖書館！

自己拿借書證和書去辦理借書手續

Ryan跟媽媽一起借了厚厚一疊，好開心

選看書籍要廣泛涉獵各領域

出國旅行前，我們可以從該國的地理、自然、藝術、建築、美食、語文與繪本共讀幾個方向來準備旅行，程度上的深淺是依照孩子的年齡程度與興趣調整。所以在旅行結束後的延伸閱讀，所看的書籍可照著行前準備時的OPEN MIND，敞開心胸、廣泛涉獵各方面知識。

像Ryan經過這趟親子旅行的洗禮後，我們發現到他對火山、地震等自然科學特別感興趣，而且對於所吸收到的相關知識，都能牢記在心裡。像是火山爆發的過程，維蘇威火山的噴發與龐貝城滅城的關連等等，他統統都朗朗上口，甚至期待著能去看其他國家的火山呢！我還特地從娘家搬了一套我兒時看的百科叢書，書本保持得很好，也頗有傳承的味道呢！

除了依然關注有關火山及地震的書籍及新聞之外，他開始看起自然百科，各方面都看！有時是厚厚一本《天文奧祕》，了解宇宙的形成有哪些理論、黑洞是如何形成的、太陽系的組成等等，也看《恐龍時期》及《人類的起源》，上古時代的世界非常吸引他，有一天還忽然跟我討論起心臟的瓣膜或是血液裡的成分，讓媽媽我忽然有一點招架不住啊！

除了這些在書籍中獲得的知識外，孩子在無形中更是認識了許多國字，看著他啃著滿是文字的書本，還有雙胞胎弟弟有樣學樣地在旁邊一起看書的畫面，令人感動！

自然科學很有趣喔

邊看著聽著Ryan哥哥看書念書，無形中也一起學習呢

從玩具延伸，
在玩耍中繼續旅行

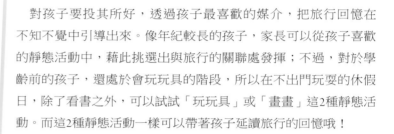

對孩子要投其所好，透過孩子最喜歡的媒介，把旅行回憶在不知不覺中引導出來。像年紀較長的孩子，家長可以從孩子喜歡的靜態活動中，藉此挑選出與旅行的關聯處發揮；不過，對於學齡前的孩子，還處於會玩玩具的階段，所以在不出門玩耍的休假日，除了看書之外，可以試試「玩玩具」或「畫畫」這2種靜態活動。而這2種靜態活動一樣可以帶著孩子延讀旅行的回憶哦！

各種形狀、顏色的積木，可展現孩子的創意與想像力

🌱 透過玩玩具延續旅行

利用家中原本既有的玩具或教具，只要是孩子喜歡並習慣的。在我家，最主要的就是透過積木、拼圖等相關教具。

一、利用積木，建構旅行所見的建築

積木是個培養3D空間概念、激發想像力與創意的玩具之一，市面上販售的有木頭、泡棉、塑膠、布等材質，不同的顏色與形狀，玩法也依每個孩子的想像力、創造力而有所不同，再加上孩子在做積木堆疊時，也是在訓練孩子手、眼、腦的協調能力，而這也非常適合當作延續旅行的玩耍方式之一。

我家最多的積木款式是木質積木(為了有足夠的積木數量，同款式還買了2組呢！)，依照形狀分有三角形、正方形、半圓形、圓椎形及栱形，每一種形狀還被漆上不一樣的顏色，也讓孩子在玩積木的同時，認識顏色，並依照色彩的搭配，做出更適切的作品呢！

從義大利回國後，Ryan的積木作品增加了教堂、車站等等因為去義大利旅行而認識的建築。我常引導、鼓勵他做出更複雜的積

3個孩子一起用智高積木創作出火山爆發與龐貝城

↑專心拼圖的Ryan好帥　　→完成拼圖，超有成就感的

木作品，每當他完成一件作品，我就會帶著雙胞胎一起為Ryan哥哥鼓鼓掌，給Ryan鼓勵與信心，也讓他們兄弟間的感情更融洽。雖然，手足之情是天生的，但也需要爸爸媽媽從旁協助。

二、用拼圖拼出旅行中的風景或建築

拼圖其實是老少皆宜的益智遊戲，讓孩子拼圖，可藉由拼圖的過程，訓練他的耐心、專心、手、眼、腦的協調能力以及觀察力等等，而且當孩子完成拼圖時，他可以獲得成就感，同時還可以把拼好的拼圖裱框掛起來當家中裝飾！

幫孩子們挑選拼圖時，我會刻意找與旅行有關的風景或建築，讓他在拼圖時更有共鳴。通常，孩子會開心的說：「這裡，我看過！」或是「這裡，我去過哦！」，如此更激發出他專心拼圖的潛力，一舉多得！

三、利用其他教具，呈現旅行中的建築

除了積木及拼圖等益智教具，市面上也有很多各式各樣的教具可供選擇。例如，我們可以利用剪紙剪出圖案來(不過這要爸爸、媽媽的剪紙功力很強)，或可以利用黏土或陶土捏塑出來，也可以利用拼豆一顆顆的拼出來，這些東西，爸爸、媽媽們可以就地取材，隨機應用哦！

孩子透過積木，建構出旅行參觀的教堂

🌱 透過畫畫延續旅行

　　人類從嬰幼兒開始就會塗鴉。即使還不會講話、握筆姿勢不正確，但孩子仍然可以大膽開心的恣意畫畫。隨著年齡增長與習慣認知，人類會進展到不同的繪畫階段，但是不管是在哪個階段，繪畫都是不需要言語，傳達情感的最佳方式。

　　一支筆、一張紙，就成為孩子帶出門旅行的裝備。我們在旅行途中可以素描寫生，藉著畫畫可以更仔細的觀察細節；旅行結束後，我們更可以透過畫畫來延續旅行，透過孩子在現場親身的觀察與體會，構成孩子自己獨一無二的畫作。此時，家長最需要做到的是，放手讓孩子盡情的揮灑吧！

用手寫板畫畫，隨性又方便

→Ryan的飛機與火箭繪畫作品
↓利用使用不到的海報，將其翻面貼在地上就是小朋友最愛的塗鴉區

從生活延伸，
在環境中繼續旅行

　　旅行結束，日子回歸規律又平淡的日常生活。讓我們帶著旅行後的回憶，引領孩子繼續用不同的角度觀察我們的環境，並將這趟旅行所學習到和所體驗到的種種應用在生活中，保持旅行的敏銳度，讓生活更令人期待！

將所學到的外語應用在生活中

　　因為旅行而學到的語言，雖然都是簡單的單字，但也不要因為旅行結束後而拋在腦後。要想辦法將這些不同國家的語言套用、落實在日常生活中。

　　並不是希望孩子們精通多國語言，而是希望他們能對不同語言保持著好奇心與敏銳度。世界上有這麼多的國家與不同語系的語言，當我們到一個國家就試著學習他們的語言，用這種方式培養孩子的國際觀，很棒！

Buongiorno
(早安)

　　平時生活中，我們最常用到的詞彙就是謝謝、對不起、早安、晚安等簡單的單字及問候語。只要碰到需要說這些詞彙的時候，媽媽我一定用不一樣的語言帶頭表達。我這麼做，也是希望讓孩子知道這些單字及問候語的使用時機，了解到禮貌、勇於道歉、承認錯誤並改進等等觀念，我覺得這些比學什麼都重要。

再次來到淡水，看到船卻能連想到義大利威尼斯貢多拉

在外公、外婆家旁的沙坑玩沙

每天早上，孩子們起床跟我道早安，還有說晚安及謝謝時，就會有中文、英文、日文、義大利文、台語5種不一樣的語言。即使是沒去義大利的雙胞胎弟弟，也在耳濡目染中學會運用呢！

🌱 引導孩子發現環境與旅行的關聯

旅行結束回到台灣，儘管一切是再熟悉不過的生活環境，但是我們與孩子因為旅行而開闊的視野、以及所見所聞和回憶，已經讓我們對眼前看到的種種有不一樣的領悟與詮釋。大人如此，小孩亦可以如此！

做父母的，隨時帶著孩子反芻旅行的回憶，只要碰到與旅行相關聯的人、事、物，就可以適時引導孩子勾出旅行中的點點滴滴，激起另一波的迴響火花。像是看到天空中的飛機，可以一起猜想是要飛去哪個國家(通常都會說是去義大利)；搭高鐵火車時，討論與在義大利搭乘的歐洲之星不同之處；吃著霜淇淋時，討論與Gelato的不同等等。

義大利旅行回國後，有一回帶著孩子們去淡水玩。雖然已經不曉得是第幾次去淡水了，看著走過了N次的捷運站、老街及河岸美景，Ryan忽然指著河中央的一艘船跟我說：「媽咪！那船好像Gondola哦！」Gondola是水都威尼斯特有且最具代表性的老式黑色平底船，乍看之下，還真的有一點相似呢！

另外有一次回高雄外公、外婆家玩，晚上經過一棟不起眼高聳且直長的集合式住宅，Ryan發現之後，拉著我的手跟我說：「媽咪！這棟好像比薩斜塔哦！」，然後，媽媽我還應Ryan的要求幫他拍了張扶比薩斜塔POSE的照片。

或者當我們走在人多擁擠的環境中(例如：捷運或火車站)，牽著Ryan手的我，會習慣性的彼此抓握對方的手，此時Ryan知道，在義大利搭車時的人身安全意識，台灣同樣重要。雖然在台灣，我們不會像在義大利那麼神經緊繃，但是孩子依舊會自發性的注意自己的安全。保護、愛惜自己，也是孩子愛父母的行為啊！

一樣的情景，一樣的人事物，旅行之前我們不會有其他什麼聯想，但旅行過後，當回憶被喚起時，其實它早已經在生活中不知不覺地發酵，並產生共鳴，孩子的視野也因此更寬廣開闊。

孩子舒服的躺在草地上，自己灑葉子在臉上也是觸覺的體驗

🌱 與孩子一起用五感觀察環境

平淡的日常生活中，即使只是在住家附近走走，即使是再習慣不過的街道巷弄，也可以帶著孩子保持旅行敏銳度，營造出門郊遊、玩耍的氛圍。

不出遊的休假日，我們總是喜歡帶著孩子們到附近公園或對面學校走走。我們不按牌理的隨意散步，利用人體的視覺、聽覺、嗅覺、味覺和觸覺五感引領孩子觀察環境，並將所引導的觀察力與創造力應用在日常生活與學習上。

看到路邊的花花草草，蹲下來和孩子一起觀察螞蟻的窩、看看隱藏在草地中的含羞草，孩子們會像發現新大陸般的興奮，並伸手觸碰、看含羞草收合葉片，簡單的小動作就能得到他們單純、開心的笑容。有時，靜下心聆聽風與樹的對話，或是樹上吱吱喳喳的鳥叫聲，聞聞拾手可得的野花氣味，看著孩子們追尋著蝴蝶或鳥兒(Ryan在義大利是追鴿子)，以期待的心情面對在生活的每一個角落，就好像旅行中無法預知接下來的旅行經驗一樣，在平淡中雀躍、在生活中繼續旅行。

引領孩子感受著樹枝上另一個歡樂的世界

就讓他們隨意、自在、盡情地探索大自然吧

在楓香樹下露營，是件極為幸
福美好的事

從家延伸，到台灣各地旅行

　　一般家庭一年能帶孩子出國一趟，算是很幸福的事了。雖然，很多人的夢想是環遊世界(我也是！)，但因為時間與金錢因素，現實的狀況沒辦法這麼容易實現。但不出國的時候，我們還是可以繼續拎著孩子一起在台灣玩耍、旅行，發現台灣在地的美好以及領略台灣的四季與風景。這一切，簡單又容易！

　　在台灣，旅行也可以創造很多不同的方式，我們可以藉由搭乘不同的交通工具，或是體驗不一樣的住宿形式，讓旅行更增添趣味與回憶。

嘗試使用不同的交通工具來旅行

　　大部分有小孩的家庭出門習慣是「想開車去哪就去哪」，從家裡上車，一路開車到目的地才下車。如果把前往目的地的交通方式改成搭乘公共交通工具，一樣的目的地，卻是完全不一樣的體驗哦！

體驗不同交通工具，豐富旅行深度與廣度

　　其實，我們在國外自助旅行時，也大都是搭乘各種公共交通工具四處趴趴走！

　　所以，帶孩子出門前，建議依目的地的距離選擇合適的交通工具，離家較近，可以搭乘公車或捷運、離家較遠者可以試試火車或高鐵。前往花東或離島還可以搭飛機或船呢！如此不但可以四處旅行，還能帶著孩子認識並親身體驗不同的交通工具，一舉多得呢！

一、公車、捷運旅行(離家較近的旅行)

　　如果是地區型交通工具(即公車或捷運)可以到達的目的地，你可試試不要開車，改搭大眾交通運輸工具，會有意想不到的收穫哦！

二、鐵道旅行(離家較遠的旅行)

　　離家較遠無法搭公車或捷運達到的目的地，就可選擇搭火車或高鐵作為交通方式，尤其孩子們很喜歡看拖著一節節車廂的火車在鐵軌上奔馳著(基本上孩子都是鐵道迷！)，不管是火車還是高鐵，依照不同顏色來認識火車車種，普通車、復興號、莒光號、自強號，還有花東線的太魯閣號與普悠瑪號，孩子們認得不亦樂乎，開心極了！

三、飛機、船旅行

　　台灣雖然說大不大，但是除了美麗的福爾摩沙本島之外，還有很多擁有豐富自然生態與人文的離島，像是澎湖、金馬、馬祖、綠島、蘭嶼等等，都值得我們一一探訪，這些地方不是搭船就是搭飛機才能前往，頗有出國旅行的味道！

騎乘懷舊三輪車

Ryan 搭公車時總是會留意有沒有需要讓位的機會，真棒！

藉由搭乘交通工具機會教育

有一次，我們要前往新北市的淡水走走，刻意不開車選擇搭乘公共交通工具，我們先走到公車站，然後搭公車到捷運站，最後再搭捷運抵達目的地。搭公車及捷運時，孩子非常興奮與好奇，除了帶他們認識體驗公車及捷運車廂，也趁機會教導他們生活品德教育：搭車時要依順序排隊、上下車時不推擠、盡量不坐博愛座、在公車及捷運車廂裡要乖乖坐好、看到老弱婦孺上車，視情況把座位讓給需要的人，讓孩子在旅行途中邊玩、邊學習，效果最好。

這些平時在台灣的生活品德教育，在國外旅遊時照樣徹底實踐。像我們在義大利卡布里島搭公車再轉公車前往藍洞時，第一段從卡布里市區往安娜卡布里(Anacapri)公車上，因為我們是最後幾位上車的乘客，所以媽媽我直接站在司機的正後方，Ryan跟Ryan爸爸則是站在靠車門那一邊，我們之間有分隔走道的欄杆擋著。發車後，Ryan轉頭看到一位約十幾歲的義大利哥哥站在更靠近公車門的地方，他怕大哥哥危險，自己往另一邊擠了一個空位出來，然後要那位哥哥過來一點才安全，只見兩個小孩各自用母語溝通，不過，這一幕卻很令人感動呢！

從卡布里島市區前往藍洞，需搭二段公車才能到達

另一段，我們從安娜卡布里往藍洞的路程。這趟換我們是第一組上車的乘客，我們每個人都有位置坐。本來，Ryan坐在我前面的位置，後來他看到一位義大利老婆婆上車，便主動讓位給她。因為公車很小，又擠滿了準備前往藍洞的遊客們，使得本來就很小的座位加上Ryan後更擠；再加上Ryan壓在我腿上還滿不舒服的，於是我跟Ryan說：「媽咪的腳好痛。」最後Ryan貼心地一路半坐半蹲著抵達藍洞。

旅行途中，美麗的風景、壯觀的建築總令人讚嘆不已，但更令人回味再三的，卻是這些細微卻難忘的小細節，有時，孩子的自發行為，更讓身為家長的我們既感動又驕傲呢！

用不同的住宿方式體驗旅行

旅行的交通，除了可以有不一樣的搭乘工具外，住宿方式也可以有不一樣的選擇體驗。以下，簡單用飯店或旅館民宿與在外露營做區分，不同的住宿方式也會給人不一樣的旅行回憶。

一、飯店或旅館、民宿

出遠門就免不了得需要在外過夜了，我們可以依照價位依序區分為飯店、旅館及民宿(近幾年還興起了沙發衝浪呢！)。當你選擇時，除了價位與地理位置考量外，硬體設施需不需要使用也應該考慮進去。如果你喜歡待在飯店裡，悠閒的使用SPA、健身房或游泳池，那麼飯店會是超值的選擇，但如果外出行程排滿滿，回到飯店就是洗澡睡覺，可以考慮把住宿費省下來，選擇硬體設施較少甚至沒有的民宿。但，不管是如何考量，只要是適合自己的習慣與喜好，就是最好的選擇。

附有湯屋的溫泉會館，住宿兼泡湯真是享受

小木屋建成的景觀民宿，窗外就可以看到雲海呢

把床直接擺在挑高的木地板，是最適合家有小小孩的房型

有些民宿有溫馨可愛的大廳

二、在外露營

　　近幾年，露營風氣開始漸漸興盛了起來，這對一向喜歡帶著孩子走出戶外的我們，在初接觸到露營時可以說是一拍即合！可以暫時遠離都市嘈雜喧囂的環境，坐擁大自然，體會周遭及萬物的一靜一動，傾聽潺潺流水聲和蟲鳴鳥啼，帶著孩子一起依循四季欣賞春櫻、夏荷、秋楓、冬梅，親身體驗四季變化，感受北宋程顥《秋日偶成詩》的「萬物靜觀皆自得、四時佳興與人同」的怡然自得。

　　而且，在大自然中全家同心協力的搬裝備，並帶著孩子一起搭客廳帳與帳篷、一起準備三餐、一起去登山走步道親近大自然，在過程中引領著孩子學習過生活的技巧，讓他們一起參與著生活中的每一個細節，即使是洗菜、洗水果、為早餐煎個荷包蛋，用餐後把大家的碗洗好等等，甚至讓孩子學習包水餃、做披薩，一家人圍在一起，同心協力做一件事，不但增加了互動聊天的機會，藉此更凝聚了家庭的向心力與感情，當孩子們吃著自己手做的食物更是美味呢！

　　不但如此，我們還可以在孩子與其他不認識的孩子玩耍時，更了解孩子們在安全、人際社交與禮節上有沒有什麼需要引導、加強的地方，在學校我們無法親身了解，在家裡沒有這種環境發生，在露營時就可以好好的協助孩子成長了。

　　雖然露營住的不是舒服有冷暖氣的房間，而是餐風露宿自己搭建的帳篷，吃自己煮的餐點；而且每次露營總是要把一車的露營裝備與食材搬上搬下的，但這是全家人同心的活動與生活方式，所得到的絕對比付出的多更多，非常值得！

自己包水餃自己吃，更有意義

圍在桌子及客廳帳下吃飯，一家人的心更凝聚在一起

天氣好直接搭帳篷、天氣不好亦可搭在棚下，並與孩子一起體會隨遇而安的心境

利用營地裡的枯樹枝，孩子們正學習模仿著如何鑽木取火

帶小孩露營需要注意的事

1. 攜帶足夠的衣物，建議多備1～2套衣服備用。
2. 春夏露營注意防蚊、防曬；秋冬與高山露營注意防寒。
3. 自備飲用水，直接在賣場買桶裝飲用水，可直接喝，亦可煮飯。
4. 準備幾個不用的小容器讓孩子玩沙、玩水，用完即可丟資源回收桶。
5. 教導孩子勿任意喧嘩，勿隨意穿梭別人家的客廳、帳篷。

因為露營，我們得以更深入的看見台灣之美

教育孩子住宿的注意事項

1. 自備個人衛生用品

　　個人衛生用品如牙刷、牙膏、梳子等要自己攜帶，這些用品雖然飯店會準備，但往往在房客拆封使用過後，隨即就成為垃圾無法重覆使用，如果可以自己準備一套，每次旅行時都可以重覆使用，在旅行中也能養成不浪費並實踐環保愛地球的習慣。

2. 不大聲喧嘩吵鬧、奔跑

　　在飯店裡，不讓孩子隨意的在大廳內及走道上奔跑吵鬧，飯店不是只有我們一家人，要教育孩子遵守禮節、有禮貌，要跑跳，到戶外再盡情跑跳吧！

3. 使用後務必物歸原位

　　我們常常會看到很多人，因為飯店不是自己的家而不珍惜，把房間弄得亂七八糟，甚至亂丟垃圾，造成了房務人員在清潔、打掃時的困擾與工作負荷。

　　我相信房務人員在整理我們一家住過的房間一定相當輕鬆，因為我們每次在使用過房間的物品後，我一定帶著孩子要把物品放回原位，隔天早上check out前，我們也都會把因為睡覺而弄亂的枕頭、棉被擺好、折好，讓孩子有同理心、懂得體諒他人，並在其中體會到不是花錢就可以成為想怎樣就怎樣的大爺。

　　這點甚至還延伸到用餐後的小細節，每每在外吃完飯後，孩子們也都會自動自發的依照尺寸及種類將碗盤整齊疊好，這對孩子其實是理所當然不經意的舉動，但卻能讓服務人員在收拾我們的桌面時可以很快速的整理完畢呢！

　　因為旅行而在外過夜，藉由在外住宿的機會，讓孩子養成珍惜不浪費、有同理心體諒他人，這是給孩子一輩子都需要的良好觀念與行為。

Part

4

親子旅遊注意事項

機票訂位並開票後,你會拿到一份電子機票,這薄薄的一張紙,請務必收妥,搭機 Check in 時就要靠他了

如何安排一趟親子旅行

當決定要拎著孩子來一趟海外親子自助旅行後,接下來你要面臨如何執行這個夢想旅程才是重點。確認好旅行國家與簽證後,請不要慌張、不要手忙腳亂,自助旅行的每一個環節、每一項細節都要自己來,若不曉得如何開始進行,就請跟著我STEP BY STEP一步步準備這趟旅行吧!

STEP 1　訂機票

決定好旅行天數與日期後,最重要的是先要把機票確認下來,沒有合適的航班機位,一切都是空談。不過訂購機票通常都是在「拿時間換取金錢」與「拿金錢換取時間」之間抉擇。如果有較長的假期可以揮霍,或許你可以選擇「拿時間換取金錢」,即訂時間較不漂亮、轉機時間長或是轉機點多的航空公司與航班,但大部分的爸爸、媽媽都像我一樣是普通的上班族,能請個長假著實已經非常不容易了,我常說:「假期是用錢也買不到的(除非辭職)」,所以還是選擇「拿金錢換取時間」,訂較短飛行及轉機時間的航空公司與航班,反正,當我們一決定要出國旅行就等於燒錢,那麼只要把總旅費做好合適的配置才是最實在的。

不過,時間與價位其實還是可以取得一些平衡,建議你盡量及早規畫,因為機票最早可在出發日前約331天訂購,如果一開放就訂票,訂到便宜艙等的機會可能比較高哦!

另外,近幾年出國旅遊有越來越多廉價航空(LCC)的選擇,他們藉著降低各項營運成本使得含稅票價較低,有時甚至有限時超值特價的優惠,如果已選定旅行國家,可以多留意這方面的資訊。

STEP 2　參考別人同天數的大行程

　　面對沒去過的國家，剛開始可能會完全抓不到頭緒，不知該如何排大行程，最快速簡單的方式就是參考別人已排好的行程做規畫。但請記得參考與自己同天數的行程安排：10天有10天的安排方式、15天有15天的安排方式，切記不要將多天數的行程壓縮成少天數的行程，這樣只會淪為「沾醬油」的超趕行程，讓你的旅行樂趣大減。

STEP 3　找一本旅行工具書，標出想去的景點

　　安排好大行程後，接下來就是小行程(即詳細行程)的安排。

　　建議找一本排版看得順眼、附當地地圖，在交通、景點、住宿及餐飲都有詳細圖文介紹的旅行工具書，然後依照工具書裡的分區景點介紹，看完一遍後，寫下印象深刻的景點，再加上該區的必訪景點(如果沒去會有遺憾的景點)，就大致安排出小行程了。

　　建議你，研讀旅行工具書的同時，可以帶著孩子一起閱讀，一起挑出屬於這趟旅行你們共同認為最適合彼此的行程。

開始安排行程時，可先用Word檔簡單排好大行程，不過這個行程會一再修改，一直到小行程都排好了才會定案

大行程大致排好後，接下來就是把詳細行程排出來

在準備自助旅行時，可使用Excel做精細的分類、收集與整理

貼心小提醒

多多利用機票比價系統

　　可先利用背包客棧機票比價系統快速搜尋航空公司與票價。而skyscanner則是廉價航空公司機票比價的首選。

背包客棧 http www.backpackers.com.tw/forum/airfare.php

skyscanner http www.skyscanner.com.tw

背包客棧

Skyscanner

〔親子旅遊注意事項〕

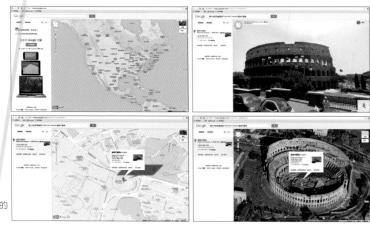

利用Google Maps可以很全面的
安排行程,並適時的運用街景

STEP 4　善用Google Maps

拜網路所賜,自助旅行的準備、掌握度得以大幅提升。我們可以事先在家裡用Google Maps查好各景點位置,進行路線規畫(包含距離及移動時間),甚至還可利用街景找景點,並預演走訪當地的實際情景。Google Maps真的超好用!它讓我們方便規畫小行程的路線安排,不致於浪費時間走錯路等等。雖然有時候迷路,也可以看到不一樣的風景。

http maps.google.com

STEP 5　排小行程的同時,詢價選擇住宿地

當你安排好大行程,緊接著安排小行程的同時,你就可以開始訂住宿地點了。

1.先參考網路上大家推薦的旅館

尤其是台灣背包客的住宿分享,因為大家生活在相同的環境,對旅館的感受不致於相差太遠。

2.參考Tripadvisor旅遊評比網站

Tripadvisor

來自全世界各國的評論而排名,參考價值高;我在看評論時,會先看旅客評等為「糟透了」的評論內容,如果是不安全的、有蟲子的一律敬謝不敏,再看評論時間,越新的評論參考價值越高,但若沒什麼新評論,也要特別注意是不是沒有什麼人去住過。

http www.tripadvisor.com.tw

3.旅館位置的選擇

自助旅行背包客需要注意的是：怎樣方便拉著行李在各城市間移動？尤其是當你身邊又帶著孩子時，你需要盡量減少身上太多東西的手忙腳亂時間，以避免被扒手盯上。所以，我選擇住宿旅館時，多會優先選擇離火車站或捷運站近的旅館，減少拉大行李的機率及時間，進出比較輕鬆，也更能注意人身及物品的安全。

4.Booking方式

就訂房網站來說，Agoda與Hotels對亞洲比較適用且便宜，Jalan與一休則是訂日本旅館必查價的訂房網站，但若是針對歐洲訂房，要在Booking與Venere這兩個訂房網站訂比較合適；不過，我個人是比較喜歡用E-mail的方式Booking，主要是因為我會有些特殊的需求(例如：帶著6歲的孩子共床能否只訂雙人房、租車自駕時旅館是否有提供免費停車場等等)，所以我喜歡E-mail可以事先詢問任何我想問的問題再訂房比較保險，也享受有人回信的感覺。讓我樂在其中的，還有每次一開E-mail就有旅館回信看報價的刺激與樂趣，這就是自助旅行所帶來的魅力呀！

不過，若是用E-mail的方式Booking，記得向旅館要訂房憑據印出，或是直接將往來信件印出，帶到當地以作為訂房的依據。

選擇住宿的好幫手

建議可多比較各家訂房網站，及參考評價。

Agoda http www.agoda.com/zh-hk
Booking http www.booking.com
Hotels http zh.hotels.com
JALAN http www.jalan.net
venere http www.venere.com/zh
一休 http www.ikyu.com

Agoda

Hotels

Jalan

一休ikyu

長程車票可先預約，省時又
省錢

這是我在台灣預購的義大利歐
洲之星車票，每人€9，如果
以BACE票價€43等於打了2折

自己客製化一本專屬的
旅行手冊，可以讓旅行
更豐富、順利

STEP 6 提早預訂長程移動的交通工具

　　如果只有單國旅遊，因為行程及住宿都已確定，建議你搭配安排小行程的同時，查詢長程移動的交通方式及時間，若能提早預訂，還會享有早鳥票優惠；如果是長時間跨多國自助旅行，可以多多研究一下各種票券，一般都會比現場買划算多了。

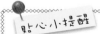
貼心小提醒

預訂歐洲火車的網站

　　建議長程車票可事先預約，省時又省錢；多國旅行可購買Eurail pass甚至用Eurail Global Pass環歐！

EuRail 歐鐵 http www.eurail.com
EUROSTAR 歐洲之星 http www.eurostar.com
Trenitalia 義大利火車 http www.trenitalia.com
TGV法國高鐵 http www.tgv.com
DB 德國國鐵 http www.bahn.com
SBB 瑞士國鐵 http www.sbb.ch/home.html

STEP 7 將所有資料彙整成自己專屬的旅遊手冊

　　一般市面上的旅遊書只是符合大部分人需要的資訊，並不能完全符合每一位背包客(除了作者自己)，建議你可以將收集到旅遊國家的完整資訊，客製化成為自己的旅遊手冊。

　　舉凡交通(鐵路、捷運、公車、租車等)、美食、敗家購物退稅等等，這些珍貴資訊都需要靠自己在行前努力搜尋或詢問後才能獲得，這也是我在看過N本書之後，無論如何都要製作一本屬於自己這趟自助旅行的旅遊手冊原因。

　　建議你在製作旅遊手冊時，可以邀請孩子一同參與，甚至可以利用行前參與課程的內容與孩子製作一本屬於他們的旅行手冊，讓孩子更有參與感、更印象深刻！

未成年兒童出國必備文件

帶未成年的孩子出國旅行，除了必備的有效護照與簽證之外，還需要準備「英文戶籍謄本」一起帶出國；如果只有爸媽其中一位同行或爸媽未同行，有些國家甚至要求提供「授權同意書」哦！

英文戶籍謄本

「英文戶籍謄本」就是證明親子關係的文件，只要事先前往戶政事務所申辦即可；但請特別注意，「英文戶籍謄本」並不是現場辦就可以現場拿，而是要等3個工作天後收到戶政事務所的簡訊通知才能領取並繳交規費哦！

另外，因為「英文戶籍謄本」上面會印有爸媽及小孩的護照英文姓名，所以在申辦時記得把大家的護照一起帶過去，這就萬無一失了。

授權同意書

如果父母其中一位單獨帶子女同行，就要另外準備另一半的授權同意書，如果父母未同行，就要準備孩子父母的授權同意書，此授權同意書至少是英文(或翻譯成欲前往國家的語言)，而且建議授權同意書要經過公證人公證過會比較有公信力。

曾發生爺爺、奶奶帶著孫子搭飛機入境美國時，被海關攔下無法入境，就因為爺爺、奶奶沒有攜帶孫子爸媽的授權同意書，所幸最後這對祖孫只是延遲一個多小時入境；提醒大家，出國前一定要把相關文件備妥，避免這樣的事情發生。

貼心小提醒

授權同意書格式下載

授權同意書依各國規定格式不一，建議到該國相關網站查詢最為保險。如果是前往歐洲、加拿大、美國、巴西及菲律賓等國家，請務必上該國相關網站查詢下載授權同意書，非這些國家亦務必再次確認是否必備。

加拿大邊境管理局 http travel.gc.ca/travelling/children/consent-letter
加拿大授權同意書下載 http travel.gc.ca/docs/child/consent-letter_lettre-consentement-eng.pdf
義大利授權同意書下載 http www.italy.org.tw/Parents_agreement.pdf
司法院台灣各地核准立案全職公證人名冊 http www.judicial.gov.tw/work/work06.asp

親子自助旅行的行程安排訣竅

當你著手親子自助旅行的行程安排時，有些情況，如拉車時間、短程移動優先於長程移動，大行李的安排及拍照時間等，請你一定要留意。這樣，你所安排出來的行程才會順暢，讓孩子和你不僅玩得安全、也玩得輕鬆愉快哦！

以日本東京雷門走路至晴空塔為例，可以利用Google Maps規畫行進路線，並可得知相對距離及花費時間

🌱 留意景點間的交通時間

安排行程時，請特別留意點對點的交通時間。因為如果行程掌握不好，就可能會壓縮到該天的旅遊時間，將太多時間花在交通上，不但太少時間玩耍，而且舟車勞頓會令人身心俱疲；建議你在安排行程時多利用Google Maps查詢距離及車程時間，甚至是景點與景點之間的前後安排，這會讓整個旅行進行更順暢哦！

🌱 短程移動優先於長程的移動

簡單來說，就是當我們抵達一個大城市時，先安排前往鄰近景點旅遊，結束後再安排在該大城市旅遊。

通常長程的移動(包含最後搭飛機回台灣)大都會事先預約好甚至已付款，最要避免的，就是前一個行程因為某些原因(例如在歐洲常有的罷工)而影響到下1個長程移動。所以每到一個大點(大城市)，記得先安排短程移動，再回來玩大城市。例如：當你第一天晚上搭飛機從台灣飛抵羅馬並住1晚後，隔天不在羅馬旅遊，而是先南下到蘇連多住2晚玩南義，結束後再回來續住羅馬3晚。

還有一點非常重要，當你準備搭機回台灣的前一晚，請務必入住離境城市，如果航班時間較早，建議直接住宿機場附近的飯店，以免被無法預知的因素而影響到回程班機。

在規畫時還可以搭配街景確認

這是我們在義大利租的手排車，後車廂放了我們4大1小的行李還非常空，可說是輕便又省油

大行李可詢問是否能暫時寄放

　　一般來說，自助旅行要盡量減少拉大行李的機率及時間。一方面是避免在不熟悉的環境，可能因為疏忽而被第三隻手趁虛而入，另一方面是進行城市移動時，身上的重量越輕越好，有時甚至可以省下寄放行李的費用。

　　像我們這次在義大利自助旅行19天，當我安排前往別的地方再回來續住時，我就會把大行李直接寄放在旅館，準備一個輕便的小行李包前往其他城市，因此，我在訂旅館時都會事先詢問確認：可否將大件行李寄放幾天？因為會再回來續住，大部分的旅館都會願意寄放。此外，如果租車自駕時能不帶大行李，不但不用為了考量大件行李的空間而選擇租大車，而且沒有大行李，車子也比較省油！

考量景點方位，找出最佳拍照時機

　　安排小行程時，我會特別注意該景點的拍攝角度是面哪一邊，面東就早上去、面西就下午去，因為若是好天氣再加上順光，不用高檔相機隨便拍都好看！不過，如果你刻意要拍逆光照，那就另當別論囉！

　　由於國外必去景點都很熱門，所以要好拍照，最好是避開觀光客抵達的時間，而最簡單的方法就是早點起床、早點出門。

　　最後，如果體力及行程允許，有些經典景點可以安排去2次。白天去拍大景、晚上再去拍夜景。比較輕鬆的方式是，白天把安排的景點走完後，回旅館休息一下拿腳架，再搭乘大眾交通工具去該景點夜拍。同樣的景點，白天跟晚上呈現出來的味道及氛圍是不一樣的。

帶小朋友出國的食衣住行

帶孩子出國不比大人自己出國簡單。孩子的抵抗力、忍耐度，一般都比大人低。當父母考慮如何帶著孩子開開心心出國、平平安安回家，而且還要擔心孩子餓著了，或孩子冷或熱到了；孩子睡不好、沒有精神旅行；出去要不要帶推車，以及怎麼帶孩子搭車等等疑問時，往往會影響他們帶孩子出國的意願與決定。

面對這種心情激盪及不安，我只能說：「不要想太多，先決定再說。」

如果我們因為這些預設的立場與問題，放棄了帶著孩子體驗這個世界的機會，那可真的是因小失大了！針對帶孩童出國的食衣住行問題，我一一說明，請你放輕鬆。

海外進食篇

跟許多國家比起來，台灣還真的是最方便的地方。尤其是24小時全年無休的便利超商，想買什麼、想吃什麼統統都有。在國外，可就沒那麼便利了，不是距離遠、不易抵達，不然就是早早結束營業時間，關門下班了！

帶孩子出門在外，有時候不是想吃什麼就可以買得到東西。而且，孩子他們通常不太耐餓，所以在飲食安排及準備上更要特別留心。由於，不同年紀的孩子有不一樣的狀況，所以我把孩子的年紀分成3個階段來說明：

帶孩子出國也要盡情品嘗道地美食(攝於號稱全義大利最好吃的拿坡里披薩店L'antica Pizzeria Da Michele)

🌿 還在喝ㄋㄟㄋㄟ的寶寶(6個月內)

這個階段的孩子最好解決，如果是母奶寶寶，能直接親餵就直接親餵，但如果是瓶餵或喝奶粉的寶寶，就得較費心的準備奶瓶、奶嘴，奶粉建議可先在台灣量好、分裝好，在使用前記得要先將奶瓶與奶嘴用熱水消毒過再使用。

使用保冰袋裝母奶並搭配冰寶保鮮

🌿 開始吃副食品的幼童(6個月～2歲)

這個時期的孩子能吃的食物種類不多，且清淡少調味，除了喝ㄋㄟㄋㄟ之外，爸爸、媽媽可以準備一個悶燒罐備用，並選購合適的調理包搭配白米使用，如果飯店沒有飯或稀飯時，就可以利用悶燒罐煮稀飯；如果飯店有提供飯或稀飯，除了早餐吃飽外，可以詢問飯店是否可以多帶一餐當午餐(飯店都很親善，通常都會同意，但請記得先詢問過再裝)。在行程安排上，記得多準備幾間適合孩子吃飯的備案(歐洲如義大利麵、三明治等等、亞洲就比較容易找到飯或稀飯的餐館)；另外，可在超市買吐司或麵包作為一餐，並記得準備適合孩子的餅乾點心，在他肚子餓、心情不好或不舒服時，可以給他一點開心的食物；並且記得行程中要多補充孩子的水分與新鮮水果。

帶保溫罐或悶燒罐出門，方便盛裝或煮稀飯

🌿 與大人同食的小朋友(2歲以上)

2歲以上的孩子已經可以與大人吃一樣的餐點，開心並盡情與爸爸、媽媽一同享受異國料理。不過畢竟他們還是孩子，所以建議還是要盡量挑選少油、少調味的食物。在旅行途中，孩子走走跳跳，容易餓，建議你還要記得在隨身包包裡準備吐司麵包或是餅乾點心，並在行程中多幫他們補充水分與新鮮水果。

帶剛開始吃副食品的幼童出門，可盡量找清淡且好餵食的餐點

旅行中隨身準備麵包或餅乾點心，並利用夾鏈袋好裝又不容易掉出

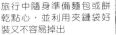

親子旅遊注意事項

113

外搭換一件短袖，就是春秋季搶眼好看又實穿的搭配

衣著準備篇

一年四季中，春季與秋季的天氣多變，氣象是最難預測了。尤其近年全球暖化效應，造成全球的氣候異常，也往往會讓人碰到無法預期的天氣變化。像我們在春季前往義大利，照往常應該是不冷也不熱、非常適合旅遊的季節。但我們在義大利的19天裡，有一半以上是陰天，或下雨天。甚至還碰到暴雨及冰雹(在台灣不容易碰上，偏偏我們在義大利就遇上了！)，甚至出現我們意料之外的低溫5度！這樣的氣候異常現象，不要說孩子，連大人也受不了！因此，準備孩子出國的穿戴衣著，固然要參考當地的氣候，但仍然必須帶周全些。

準備不同季節的衣服

除了旅遊季節該穿的衣服，請保守及多準備不同季節的衣服。尤其是春、夏季出國，記得要帶外套及衛生衣等保暖衣服，並挑好收摺不占空間的質料、款式；另外氣候多變的秋季，也別忘了準備1～2件薄長袖或短袖衣服，因為，天氣熱穿太多會流汗，也容易著涼！

洋蔥式穿法

洋蔥式穿法就像洋蔥一樣，剝的時候看得出一層一層的，這樣熱了可以脫、冷了再加穿，可以因應各種環境及氣溫，不管是爸爸、媽媽或是小朋友都很適合。

洋蔥式穿法，一件一件加，依照環境及氣溫穿脫容易

春、秋季穿法

- 外套(備著)
- 短袖上衣(俗稱棒球衣的穿法)
- 衛生衣
- 人的身體

冬季穿法

- 外套(防風、防寒)
- 背心
- 長袖上衣(保暖)
- 衛生衣
- 人的身體

🍃 圍巾、頭巾等配件

除了衣服本身之外，如帽子、圍巾、頭巾等配件也非常重要。像可防曬或防風的帽子，或是保暖又可當裝飾的圍巾，還有我非常特別要推薦的「魔術頭巾」，一年四季不管是在國內或國外，我都隨身準備在背包裡，因為實在是太好用了！

小小薄薄的一條魔術頭巾，兼具排汗、保暖、防曬與裝飾的功能，天氣熱、陽光強烈時當帽子防曬排汗使用，天氣冷當圍巾保暖使用。它還可以依照天氣寒冷變化，只套在脖子上當圍巾或只套在頭上當帽子，更冷時，還可以同時把脖子、耳朵及頭包起來禦寒。這小小的一條頭巾，隨身放在背包裡沒負擔，超級推薦一定要準備！

超好用的魔術頭巾，收折體積小，攜帶方便

當成圍巾

🍃 舒適耐走的鞋子

出國旅行，除非你是要前往海島型國家，不然建議盡量不要穿拖鞋或涼鞋旅行。當你穿著一雙舒適耐走的鞋子(穿習慣的鞋子)，旅程好走又保護腳，請注意不要穿新鞋，因為新鞋難免會有磨腳問題。保險一點，再多準備一雙鞋放行李箱，這樣不管是到哪裡都不會失禮且好走。小朋友穿鞋子在外趴趴走，如果不小心跌倒也比較不會傷到腳。千萬不要因為涼鞋穿脫方便而因小失大。

包覆頭保暖

🍃 臨時機動添購衣物

除了以上這些事先準備的衣物及撇步之外，別忘了必要時可以在當地購買所需的衣物。行前可先準備幾間服飾店的敗家資訊，在當地臨時採買時也比較能快速買到，但還是要留意當地店家是否已換季的訊息，像我們在義大利碰到氣候異常、冷到爆，卻因為當地店家都已換季，只賣夏季衣服，想敗家也敗不到！

當成帽子

穿著平時已習慣穿不會磨腳的鞋子出國，才不會容易在旅行途中讓腳不舒服甚至破皮受傷

住宿訂房篇

　　國外住宿通常分為飯店、商務旅館、民宿(Bed and Breakfast-B&B)、青年旅館(Youth Hostel-YH)。價位最高的是飯店，而且有不同星級之分(但請注意在歐洲星級不一定十分準確)，價位最便宜的是YH，但YH大都是以一個床位為住宿單位，以上下雙層床方式多人同住一間(有4、6、8甚至12床一間)，而且有男女分房或男女混住的情況，通常YH大都不接受小孩入住，所以帶孩子出國的旅行，這種多張單人床的YH就可以跳過了。

　　出國旅行，住宿大都只是為了有個舒適的房間可以睡覺。一般歐美旅行多是早上出門、晚上回來，較沒有時間使用飯店的設施(但海島型國家旅遊方式不同，訂房考量也相異)。所以，倒不如省下「貴鬆鬆」的星級飯店的費用，節省旅費入住商務旅館或民宿B&B。

依照成員，選擇合適房型

　　挑選住宿地點時，也會因為旅行成員的組成不同，需要訂房的房型略有不同：

帶3個孩子去澳門時，
訂的是4人房

一、僅有一位年紀在國小以下的小孩同行

如果僅有一位年紀在國小以下的小孩同行，而且可與爸爸、媽媽共床時，可以只訂雙人房，通常不會因為多一個人頭而加價。在訂房詢價時，記得事先詢問旅館或民宿是否可以只訂雙人房，而且在歐洲雙人房的Double room雙人床，大都是由2張單人床相併而成，所以寬度會比較寬，父母與小孩同睡也不會覺得擁擠。

二、僅有一位年紀在國小以上的小孩同行

如果僅有一位年紀在國小以上的小孩同行，年紀較大的孩子體格也較大，就不建議爸爸媽媽與小孩同睡一張雙人床。就算一定要擠雙人床，通常旅館也會要求加價。建議直接訂3人房(或加床，視預算及價位而定)會睡得比較舒服。

在義大利大部分都是住雙人房

三、兩位小孩(含)以上同行

如果是兩位小孩(含)同行，請參考前面2點，並視2位小孩的年紀或其他情況訂3人房、4人房，或2間雙人房(或加床)。若有任何特殊需求，請記得在訂房前詢問清楚哦！

在威尼斯及米蘭有被要求要訂3人房

如果家有小小孩，和室高架地板的4人房是舒適又安全的選擇

【親子旅遊注意事項】

117

行程安排篇

　　帶孩子出國自助旅行，「交通」往往會是決定去不去一個很重要的因素之一，要不要帶推車？還是只帶背巾？小孩要不要買票？景點要怎麼安排？行程要怎麼走最順？如果迷路了怎麼辦？

　　每個人對於旅行的方式與態度都不一樣，但我認為，為了這趟親子旅行的平安順利，身為父母的我們有必要在行前做好萬全的準備，然後保有給孩子探索的空間及適度的拿捏。在安排交通行程時，請先做好功課，並預留備案，以應付臨時改變的需求，從容應對臨時的突發狀況，這對帶著孩子一起玩的親子旅行十分重要。

🌱 行前標註Google Maps「我的地圖」

　　當你利用Google Maps安排行程時，請記得務必將行程與備案的景點、旅館、車站(火車、捷運、公車)等大眾交通運輸，遊客中心、餐廳飯館、點心/咖啡館、超市、敗家買物的店家以及廁所等

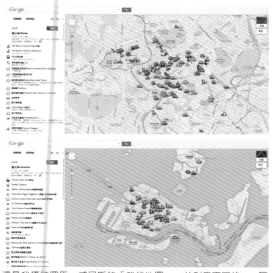

這是我標註羅馬、威尼斯的「我的地圖」，並利用不同的icon區分，在使用時更為方便

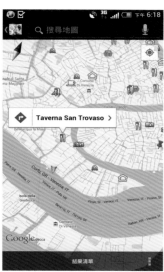

在威尼斯時使用Google Maps我的地圖尋找Taverna San Trovaso這家餐廳的地理位置

位置，通通標註到Google Maps的「我的地圖」方便掌握(帶小孩請務必做到這項的功課！)。再細緻一點，連景點的入口處也標註出來，這樣在當地就能對位置與相關資訊瞭若指掌。多一分準備、多一分安心。

🌿 出發前要先帶孩子預演

當你決定要帶孩子出國旅行，除了行前準備之外，建議你一定要拎著孩子在台灣先預演，而不只是滿懷期待等著出國的那一天到來。這方面不僅是練練大人與小孩的腳力，也能提早發現其他沒有考量到的狀況。例如孩子對於交通工具的適應問題(會不會容易暈車)、要不要帶推車、隨身包包帶的東西是否恰當等等。就以要不要帶推車出國來說，先在台灣選擇全程搭乘公共交通運輸工具，然後嘗試推推車與不推推車2種方式出門，這樣的預演過後，你就可以知道答案了。也才不會碰到該帶推車卻沒帶，或是不需要帶推車卻帶去的後悔情形，不過如果是該帶推車而沒帶，倒是可以考慮當地「敗」一台就是了。

在蘇連多(Sorrento)時使用Google Maps我的地圖找Pasticceria Primavera這家Gelato店的地理位置

從五漁村離開回佛羅倫斯的路上，使用Google Maps我的地圖看火車開到哪，離佛羅倫斯還有多遠可預做下車準備

從科莫湖的瓦倫納搭義鐵要回米蘭，使用Google Maps我的地圖看火車開到哪，離米蘭還有多遠可預做下車準備

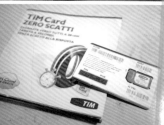

在義大利我們直接辦義大利TIM
的sim卡上網，便宜快速好用

　　另外，也建議父母訓練孩子滿2歲後，不坐推車自己走。因為推推車總是免不了會遇到不方便推車的狀況，孩子若能自己走、用自己的雙腳去探索世界，對父母與孩子都是雙贏！我家3個孩子滿2歲後就完全不坐推車，外出時，全靠自己行走。

🌱 在當地使用可上網的手機或iPad

　　如果在行前標註好Google Maps「我的地圖」，但到國外旅遊地卻沒辦法上網，這就英雄無用武之地了！

　　建議大家行前先查好相關資料，可選擇旅遊國家販售的上網方案，並建議事先上官網查好購買方案及地點，或是直接在台灣辦國際漫遊上網或WIFI分享器；另外，有些國家及店家會提供免費WIFI，以及住宿旅館通常也會提供免費WIFI，這些都是可以相互搭配使用的。

貼心小提醒

歐洲旅遊如廁須知

　　去歐洲國家旅遊，沒有像亞洲國家那麼方便：有長時間營業的商店、百貨公司或便利超商，或是可免費、隨意使用店家廁所。在歐洲，公廁通常要付€0.5～3不等的費用才能使用，而且商店不提供免費廁所，使用者付費的觀念在歐洲很盛行。提醒你：若有機會進歐洲商店消費或是在餐廳飯館吃飯(甚至是在披薩店買片披薩)，請記得務必使用店家廁所！在歐洲，有消費就可以免費使用！而且，即使沒有急需排解，也請有機會就隨時排空吧！

防扒防偷攻略 · 別成為偷兒的肥羊

大家都知道，有觀光客造訪的地方就有商機，對心懷不軌的有心人士也是一樣的。出國旅行最重要的就是「快快樂樂出門、平平安安回家」，尤其是帶著孩子進行親子自助旅行，人身財產安全更是需要特別注意，不要成為有心人士眼中的肥羊，做好萬全準備、隨時提高警覺，才能全身而退。

🌿 貴重證件(例如：護照)與金錢的防扒處理

扒手的目標主要是現金，雖然證件和信用卡不是主要目標，但損失了還是麻煩。

一、盡量不使用皮夾、錢包

不要使用容易辨識的皮夾，也就是不要讓人一看就知道這是皮夾，這樣不管你是放在口袋背包，或拿出來使用，都很容易成為偷兒目標。

二、皮夾不要放在褲子的口袋

這點特別針對男生。一般男生喜歡單獨使用皮夾，然後直接將皮夾放在褲子後面口袋。請注意，這個行為好像是在挑釁扒手，跟他們說：「來偷我的錢包吧！」出國在外請記得把皮夾、錢包統統收起來，盡量不要用。

三、分散重要財物

建議將貴重證件與金錢分開擺放，或是將金錢及護照都放在內藏式貼身腰包裡並後背(少用外露的霹靂包)，只要讓自己覺得拿取很麻煩就對了；另外，隨身口袋中只放當天會用到的少量現鈔及零錢。

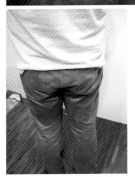

把隱藏式腰包擺在後面腰部，衣服放下來再背背包就完全看不出來了

可以準備一個密碼鎖將雙開的拉鏈鎖起來

🌱 不要穿著顯眼名牌服飾、拿名牌包

出國旅行是去增廣視野的，不是去展視自己的財富。尤其像義大利這個各種名牌精品彙集的國家，有心人士對這些名牌、名品都瞭若指掌，固然你穿著名牌或拿著名牌皮夾、包包很炫，但被盯上的機率相對也比較高。

🌱 使用斜背包或後背包

一般都建議要使用斜背包，但自助旅行不像跟團，尤其是交通部分，走路、坐車統統都要靠自己，如果使用斜背包，大概沒幾天肩膀就痠痛不已了。所以，一開始我就設定要用後背包。像我使用後背包走19天，只有最後2天覺得肩膀有一點痠痛(但回到台灣馬上就好了)；因此，後背包只要使用正確，不但輕鬆，且又很安全。

一、後背包的拉鏈要上鎖

選用後背包，最重要的一個措施就是準備一個鎖把拉鏈鎖起來。只要記得「讓自己覺得要開後背包拿東西，很麻煩」，這就對了！當自己都覺得麻煩，有心人士覺得他被發現的機會增加後，大多會換一個容易下手的對象。這樣，我們的目的就達成了。如果沒有鎖，拿安全別針或迴紋針也可以。

二、人多的地方將後背包改前背

搭車時(不管是捷運、公車、火車)或大景點遊客人多時，你除了要留意周遭的人有沒有往我們方向靠近，記得將後背包背到前面去，並把手壓在背包上，隨時保持警戒。

三、背包的材質

像我是帶一般的背包，部分大鈔化整為零的放在包包的內部夾層裡，如果是更小心謹慎的人，建議你可以去買防扒(有割不破材質)的包包會更保險。

把拉鏈的帶子互相勾住，增加打開背包的麻煩度

也可以使用迴紋針把拉鏈鎖起來哦

🍂 盡量避免兩手提行李

這個狀況，也是我們選擇使用後背包的原因之一。用後背包可以讓兩手空出來，才能隨時背著相機並牽著孩子，即使在大點移動拉著行李時，一隻手拉行李箱，另一隻手還是可以牽孩子；因為如果兩手都提行李，再加上如果要買票之類的，會搞得自己很忙亂，同時也表示很難抽出空來提防有心人士，這無疑是他們下手的目標。

正確的使用後背包，在拉著行李箱移動時，輕鬆又安全

輕鬆使用後背包也可以很安全，不過要記得隨時牽著小朋友哦

VIA！
(走開)

貼心小提醒

防偷防扒的貼心小叮嚀

1.火車、地鐵的重點大站及大景點，小偷、扒手特別多。

2.保持有人接近就要小心的警戒心

在國外，人人都可能是壞人，不要以為那些看起來怪怪的或像犯罪分子的才是。白人、老人、媽媽、小孩、辣妹或帥哥都有可能是，可以從他們格格不入的動作(例如大家都快速往前走，就他慢慢的走並四處張望)、找尋獵物的眼神和刻意變換位置(例如捷運車站月台上明明很空，但卻有人刻意站在你後面)這幾點可以看得出來。

3.碰到乞討時盡量不要給錢

給了一次後，可能就會出現一大群人跟著要錢(甚至裡面夾帶著扒手)，盡可能避免被陌生人包圍的狀況。

4.碰到狀況時，一定要目露凶光強而有力大說「走開」

最好把這句的當地語言學起來，讓對方知道你不是傻呼呼什麼都不懂的觀光客。像義大利文的走開是「VIA」。

自製的手機防搶帶，使用時勾綁在手上減低被搶的機率

進出教堂時，請留意在教堂門邊乞討的吉普賽人

在波波洛廣場上聚集的玫瑰花黨，能閃則閃

使用手機或平板電腦防搶帶

其實手機或平板電腦也是有心人士下手的目標之一，尤其是iPhone或HTC等智慧型手機，當你拿在手上使用時，往往很容易被人搶走。針對這樣子的狀況，可以先為手機綁上一條帶子(這條帶子也許只是某個喜餅盒的包裝)，當要使用時，就把帶子綁在手腕上，安全多了！

手機防搶帶DIY超簡單

STEP1
準備一個有開孔的手機殼與一條長約60公分、寬約1.5公分的扁繩。

▼

STEP2
將扁繩繞過手機殼的開孔。

▼

STEP3
將扁繩打結在手機殼的外面。

▼

STEP4
將手機裝回手機殼，此時扁繩亦被手機扣緊。

▼

STEP5
使用手機時將扁繩纏繞在手腕上即可。

租車自駕注意事項

　　自助旅行的交通方式除了搭乘地鐵、公車等大眾交通運輸工具之外，也可以選擇租車自駕，好處是可以自在地開往想去的目的地，尤其是當你想去一些不租車自駕就到不了的景點。其實，只要你注意交通規則及安全，想拍照就可以停車下來拍，路線完全掌握在自己手上，不受等車的搭車時間限制；不過，租車自駕也有缺點，例如像是不熟悉當地交通規則而吃上罰單，不好找停車位、租車費用加上油費、過路、停車費等，不一定比較便宜，這些都需要事先考量清楚。

　　基本上，租車自駕對喜歡到處走走看看的人相當有魅力。如果能在旅行途中相互搭配交通工具，相信會更令人回味再三，接下來，我將就租車自駕的前置準備與租、還車注意事項，分成兩大項說明，相信你會覺得租車自駕不再是難事！

1、2. 停好車後，記得先付款取票，然後把單子放在前擋風玻璃下面
3. 只有租車才方便抵達拍照的明信片照片景點「Cappella di Vitaleta」，常有攝影師來此拍攝
4. 在電影《暮光之城》吸血鬼總部Montepulciano巧遇重機與古董車隊

🌿 租車自駕的前置準備

　　準備預約租車以及在預約過程中的需要留意細節，請仔細看過，再下手準備吧！

STEP 1　　*上網確認自駕國家是否承認我國發證之國際駕照*

　　決定要租車自駕前，請先上交通部公路總局網站查詢「主要國家(地區)對我國國際、國內駕駛執照態度一覽表」，確認是否承認我國發證之國際駕駛執照，會比較保險妥當。

交通部公路總局-監理業務說明 http www.thb.gov.tw/TM/Webpage.aspx?entry=258

STEP 2　　*準備並攜帶有效駕照及有效國際駕照*

　　國際駕照具有官方駕照翻譯書的性質，所以提醒大家應備妥台灣駕照與國際駕照一起使用，並請注意駕照的有效期限，以避免逾期無法使用。另外，申辦國際駕照時，汽車或機車駕照建議一起申請，以備不時之需(規費金額相同)。

國際駕照(左)與台灣駕照(右)

STEP 3　　*了解當地交通規則*

　　每個國家的交通規則多多少少都會不一樣，最好在台灣就先做功課，了解當地的交通規則，例如：ZTL區勿闖、高速公路上左側為超車道千萬不能占用、各幹道行車速限、主幹道及圓環內先行、停車時勿停在居民專用停車格、停好車後先找機器繳費等等，因為一不注意，輕則被按喇叭、重則被罰款拖吊，千萬不可輕忽！

租車自駕才方便抵達的超迷你中世紀小鎮「Monteriggioni」，前後有2區城牆提供給遊客付費登上

看到路邊美景時，就可以隨時停車拍照(但記得先找好適合的停車處)

STEP 4　上網預約租車的選擇說明

決定好要租車自駕後，建議你先在台灣上網預約確認，以免碰到在當地要租車卻租不到車，無法成行的狀況；不過如果是隨性的Day Tour，還是可以到現場再做決定。Day Tour租不到車，改其他行程的影響也比較小。像我們在希臘Naxos島就是當天一早臨時租車1日遊，在義大利則是在台灣先預約租車遊托斯卡尼。

預約租車時，有幾項事情，可以提供各位參考：

1. 選擇租車公司

租車公司有跨國大型租車公司，國家或區域小型租車公司外，你還有代銷公司可比價選擇。大型租車公司如Hertz、Budget、AVIS、Eurocar等，代銷公司如Traveljigsaw或Rentalcars等等，有太多家可供你選擇，同時，你也可以透過代銷公司訂到像Hertz等大型租車公司的車子；只是如果你直接跟大型租車公司租車，通常價格比較貴，但相對的也較有保障，車款選擇多、並有客戶服務(像Hertz及AVIS有中文客服)，若是小型租車公司或代銷公司，雖然價位較便宜但通常較沒有保障，建議你多方比較再下手。

Hertz 🌐 www.hertz.com
AVIS 🌐 www.avis-taiwan.com
Budget 🌐 www.budget.com
Eurocar 🌐 www.europcar.com
Traveljigsaw 🌐 www.traveljigsaw.com.tw
Rentalcars 🌐 www.rentalcars.com

只有租車才方便抵達拍照的明信片照片景點「Monticchiello絲柏之路」，常有攝影師來此拍攝

（親子旅遊注意事項）

2. 車款選擇

選擇車款時，主要要決定要開手排車還是自排車(通常手排車會較自排車便宜)，並要考量到乘客人數、行李數量與大小。租車網站通常都會清楚的標示乘客人數、大行李與小行李數量；不過要

義大利的ZTL標示(紅圈圈)，
請務必不要開車進入

注意的是，當地實際取車的車款不一定會與當初網站預訂的車款一樣，要視現場當時的狀況安排。如果發生狀況，租車公司通常都會給予升級。

3. 取、還車地點選擇

一般分為同地還車、異地還車，或是提供機場取車等服務。通常，異地還車會比同地還車貴，機場取車也會比較貴，而且取車的人較多。若你有跨國自駕的行程，亦需要告知租車公司。

4. 汽車保險

一般租車時都會附基本的碰撞險CDW與竊盜險TP，但是如果真的碰到狀況時，租車的人還是需要負擔一筆自付額。如果不想承擔這筆自付額的風險，你可以加保全險。例如向Hertz租車，可以加購Super cover，但這不包含鑰匙遺失、按鍵損壞、加錯油等等費用，請務必詳閱條款；另外如果要再加保，可向租車公司或第三方保險公司洽詢。

5. 車輛配件加選

如果有帶孩童出國租車自駕，請一定要依照當地規定加訂孩童汽車座椅，不要為了省錢而被罰錢，得不償失。建議你在預約車時連同汽座一起點選進去，這樣才不會發生到當地臨時要加，卻沒有座椅的狀況。另外，如果沒有自備歐洲或當地的地圖資料，建議加選GPS設備；或者，你可以事先詢問確認所挑選的車款是否已內建GPS，就可節省一筆費用。

有孩童一定要加訂孩童汽車座椅喔

6. 加選第二駕駛

如果同行者中有第二本國際駕照，並且他會開車，請務必加選第二駕駛。這樣在長程駕駛時，可以有人支援、交替，同時也比較安全。

租還車的貼心小叮嚀

1. 準備好相關資料

準備好預約單、護照、有效的台灣駕照及有效國際駕照、信用卡,前往租車公司。

準備好相關資料,租車申請完成後即可拿著汽車鑰匙去取車

2. 提早到達租車公司

在預約時間之前抵達租車公司。旅遊旺季或取車尖峰時間,通常會有很多人來取車,盡早抵達以免延誤行程。

3. 完成租車手續後,記得問清楚行車路線。

例如,義大利市區會有僅限當地居民才可以開車進入的ZTL區,所以請務必問清楚行車路線避開ZTL區,以免收到罰單。

取車以現場取票先後順序辦理,故建議在預約取車時間之前抵達

4. 仔細檢查車況、油量

至停車場取車時,務必從車頭到車尾、外觀到內部,仔細檢查車況及油量,並記得拍照下來存證。

5. 還車前務必加滿油箱,並將加油的付款收據留下來當佐證

6. 還車時請與工作人員確認車況及款項,沒有問題再離開

還車前記得油加滿,並留存收據

各家租車公司共用一個停車場,走進停車場請直接找預約公司的員工取車,並請再三確認車況、油量再駛離

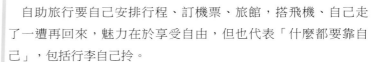

聰明的行李收納術

自助旅行要自己安排行程、訂機票、旅館,搭飛機、自己走了一遭再回來,魅力在於享受自由,但也代表「什麼都要靠自己」,包括行李自己拎。

當你跟團時,出門可以帶著大大的行李箱,上車放遊覽車、下車有飯店的工作人員協助送到房間裡;但若是自助旅行,你可能拖行李箱拖到手痠、搬到手斷,然後罵聲連連說:「下次不要帶那麼多行李出來了!」若是親子自助旅行又帶著孩子時,不但要帶妥必帶東西(即使到當地買,也還是要放行李箱拉著走),而且還不能太大太重,這可真的需要良好的收納技巧與經驗呢!

準備一張行李檢視表,整理及收拾可邊做邊勾選,簡單輕鬆又不會遺漏

一、行前List——行李檢視表

要帶的東西先分類列表出來,一開始以種類、數量最大化去準備,避免遺漏了重要必帶的東西(尤其是小朋友的),接著再依照需求做項目及數量的精簡,由於行李帶太多或太少都不合適,最後需要去蕪存菁,留下最適中的行李檢視表,並依此檢視表一邊整理行李一邊勾選確認攜帶物品,然後輕鬆、簡單出國去!

二、多選擇能互相穿搭的衣服

出國旅行不是去「秀」行頭或衣服的,尤其穿得過於顯眼,反而容易被扒手盯上;所以主要以配合當地氣候的衣服為主,要選擇少量多款搭配款式,不要一件上衣只可以配一件褲子或一件上衣配裙子,而是準備幾件上衣可交換搭配幾件褲子或裙子(例如:A上衣可搭配B褲及C裙,這樣就有2套),材質舒服吸汗(春夏季)或保暖(秋冬季)即可,這樣就可減小行李箱尺寸,並增加行李箱內的空間。

同一件上衣,搭配不一樣的褲子就可以適合不一樣的天氣

三、沐浴用品分裝小瓶

　　沐浴用品如洗髮精、潤絲精、沐浴乳、洗面乳等等，可以直接購買市面上已分裝好的小瓶裝旅行組，也可以自己準備合適尺寸的小空瓶，裝入平時習慣使用的沐浴用品。建議你在行前先做實驗，先使用確認小瓶裝的分量是否符合即將旅行天數的需求量，因為太大瓶占空間、但帶太小瓶又怕不夠用。

利用分裝小瓶，省空間好攜帶

四、利用收納袋壓縮行李空間

　　一般衣服收摺好或捲小捲直接放入行李箱內。不過建議你可以搭配使用收納袋讓衣服更緊密整齊，使用得當，甚至可以多出約三分之一的空間。這樣就可以改用小一點尺寸的行李箱，減輕拖拉行李的重量與風險。

善用小收納袋分類擺放物品，好攜帶好收納

五、善用行李箱內畸零空間

　　在把衣服放入行李箱後，往往會產生一些空間與細縫，此時利用這些地方擺放小件物品(如沐浴用品、電器用品等等)。善用這些畸零空間，間接也讓行李箱內的物品不容易晃動，進而保護貴重、易碎物品，一舉多得！

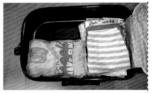

一樣的衣服使用二個收納袋，行李箱的空間還有一半可用

這是我們2大1小前往義大利自助19天的2卡行李

小購物袋攤開來並不小，在造訪龐貝時，小購物袋裡裝的是事先準備的午餐

隨身行李可準備一個輕巧小購物袋，購物或放雜物都實用，而且少用塑膠袋，環保愛地球哦！

行李打包清單

　　為了讓你親子輕鬆出國，避免出國後人在異鄉才發現有重要必帶的物品沒帶到(尤其是小朋友的東西)，建議大家可以準備一份量身訂製的行李打包清單，並將要放在隨身背包的物品，用顏色標示出來(如下表紫色底)，方便準備；我整理了親子遊的相關重點資訊欄位，設計了這張行李檢視表，讓你可以依此檢視表邊整理行李邊勾選確認，事半功倍！

行李檢視表(我們去義大利實際使用的表格)						
旅遊地點	義大利ITALY		旅行日期	05/18~06/05		
去程班機	08:15 TPE~12:45 DEL (華航) 14:15 DEL~19:05 FCO (華航)		回程班機	18:00 LINATE~19:10 FCO (義航) 22:25 FCO~09:55+1 DEL (華航) 11:25 DEL ~20:10 TPE (華航)		
送機時間	05/18 04:30		送機人員			
接機時間	06/05 20:10九十分鐘內		接機人員			
電話撥打	義大利-->台灣：00(義大利冠碼) + 886(台灣國碼) + 電話號碼(去0) 台灣-->義大利：002(台灣國際冠碼) + 39(義大利國碼) + 電話號碼(去0)					

Ryan行李	□內褲	□短袖上衣	□長袖上衣	□短褲	□長褲	□襪子
	□長袖睡衣	□短袖睡衣	□肚圍	□拖鞋	□手帕(厚)	□手帕(薄)
	□空肯mini包	□魔術頭巾	□小記事本	□厚外套	□薄外套	
Meteor行李	□免洗褲(18)	□內衣	□外出上衣	□外出褲	□休閒服(套)	□襪子
	□外套	□拖鞋	□刮鬍刀	□	□	□
Wise行李	□免洗褲(18)	□內衣	□外出上衣	□外出長褲	□外出短褲	□襪子
	□假2件褲(2)	□短袖睡衣	□外套	□拖鞋	□卸妝油	□洗面乳
	□乳液	□玻尿酸	□面膜	□防曬乳液	□RMK眉粉	□梳子
	□頭巾	□夾子	□髮夾	□遮陽帽	□陽傘	□圍巾
	□空肯包	□旅行手冊	□JTB旅遊書	□小記事本	□	□
貴重物品	□台幣	□歐元	□護照	□信用卡	□護照影本	□電子機票
	□台灣駕照	□國際駕照	□大頭照	□國際電話卡	□申根保單	□
電器物品	□5D/350D	□鏡頭(135L)	□相機電池	□相機充電器	□CF卡	□腳架
	□手機	□手機充電線	□行動電源	□轉接插頭	□手電筒	□延長線
盥洗用品	□洗髮精	□沐浴乳	□毛巾	□牙刷牙膏	□牙線棒(包)	□肥皂
	□洗衣精/粉	□	□	□	□	□
藥品	□暈車藥	□腸胃藥	□綠油精	□精油	□防蚊片(液)	□OK繃
其他	□隨身行李袋	□貼身背包	□輕便購物袋	□水壺	□筆	□FONSI防曬
	□口罩	□溼紙巾	□面紙	□針線包	□修容組	□水果刀
	□安全小剪刀	□開罐器	□湯筷組	□指甲刀	□耳溫槍	□輕便雨衣
	□衣架	□尼龍繩	□望遠鏡	□泡麵	□零食餅乾	□哨子
	□塑膠袋	□夾鏈袋	□保鮮盒	□貓/魚飼料	□耳機	□鎖

備註 (這裡可以註記一下注意事項，如下範例)：
1. 托運行李20公斤、手提行李7公斤(長寬高不能超過115公分或56×36×23公分)。
2. 拖運行李放1～2瓶水(下機後可喝，且空瓶還能買大瓶的水分裝攜帶)。
3. 手提行李：(1)電池；(2)手機充電器、轉接頭、行動電源；(3)1套內衣褲，圍巾；(4)20ml乳液/防曬；(5)腸胃藥、止痛藥；(6)摺疊背包。
4. 一個人至少帶1元台幣銅板3個，許願池許願用。
5. 信用卡要帶當初刷機票的那張。

行李檢視表(設計公版)					
旅遊地點			旅行日期		
去程班機			回程班機		
送機時間			送機人員		
接機時間			接機人員		
電話撥打	_____ --> 台灣：_____ (冠碼) + 886(台灣國碼) + 電話號碼(去0)_____ 台灣 -->_____：002(台灣國際冠碼) + _____(國碼) + 電話號碼(去0)_____				

貴重物品	□台幣	□歐元	□護照	□信用卡	□護照影本	□電子機票
	□台灣駕照	□國際駕照	□大頭照	□國際電話卡	□申根保單	□英文戶籍謄本
小孩行李	□內褲	□短袖上衣	□長袖上衣	□短褲	□長褲	□襪子
	□睡衣	□尿布	□肚圍	□拖鞋	□手帕	□帽子
	□厚外套	□薄外套	□圍巾	□魔術頭巾	□小記事本	□筆
大人行李	□免洗內褲	□內衣	□外出上衣	□外出長褲	□外出短褲	□襪子
	□休閒服	□睡衣	□拖鞋	□外套	□遮陽帽	□陽傘
	□圍巾	□旅行手冊	□小記事本	□筆	□	□
盥洗用品	□洗髮精	□沐浴乳	□毛巾	□牙刷牙膏	□刮鬍刀	□肥皂
	□洗面乳	□卸妝油	□洗衣精/粉	□	□	□
保養化妝用品	□化妝水	□乳液	□面膜	□防曬乳液	□化妝品	□
	□身體乳液	□護手霜	□護唇膏	□梳子	□髮夾	□
衛生用品	□護墊	□衛生棉/條	□面紙	□溼紙巾	□棉花棒	□牙線/棒
	□指甲刀	□耳溫槍	□	□	□	□
電器物品	□相機	□鏡頭	□相機電池	□相機充電器	□記憶卡	□腳架
	□手機	□手機充電線	□行動電源	□轉接插頭	□手電筒	□延長線
藥品	□暈車藥	□腸胃藥	□綠油精	□精油	□防蚊片/液	□OK繃
其他	□隨身行李袋	□貼身背包	□輕便購物袋	□水壺	□塑膠袋	□夾鏈袋
	□保鮮盒	□輕便雨衣	□針線包	□修容組	□水果刀	□安全小剪刀
	□口罩	□開罐器	□湯筷組	□望遠鏡	□哨子	□小鎖
	□零食餅乾	□泡麵	□貓/魚飼料	□耳機	□衣架	□尼龍繩

【親子旅遊注意事項】

備註：

_____

_____

輕鬆拍出親子旅遊回憶照

出外旅行，除了親子共同創造回憶，通常爸爸、媽媽們都希望能將親子互動的畫面拍下來留作紀念。因為，每一趟旅行都是特別的，一旦錯過，就沒機會再拍到一模一樣的畫面了。當孩子漸漸長大，或是遇到特殊節日(例如孩子結婚喜宴時)時，這些照片一張張就有如穿梭時空門般放映，每一張照片都有它的故事、每一張都是回憶。

近幾年單眼相機的等級、區隔越來越多，甚至有類單眼相機產品，家庭擁有單眼相機已不再是遙不可及的願望，因此，本篇我就以單眼相機(及類單眼)來說明。

1. 挑選適合的相機機身

選購相機時，除了預算考量，也要比較一下同等級的相機規格。像是感光元件的尺寸、連拍速度、ISO範圍、對焦方式、測光方式、螢幕尺寸、機身重量，有沒有兼備錄影功能，記憶卡是使用CF卡還是SD卡(如果與手上現有相機的記憶卡同款還可以共用)等等，如果可以，建議一定要到販售店家去試握、試拍看看，手感很重要，相機外型及拍出來的色調喜不喜歡也很重要。

2. 挑選適合的相機鏡頭

決定好相機機身後，空有機身還沒辦法拍照哦！另外得挑選合適的鏡頭才行。此時，除了預算考量，你還要思考一下到底想拍怎樣的親子旅遊照片。

基本上，拍人像照且又是捉摸不定的小孩時，首要推薦的就是大光圈的定焦鏡了，因為光圈大、快門快，比較容易拍得到晃動中的孩子，而且淺景深的效果可以將主體(即孩子)凸顯出來。

另外，若是喜歡帶景的照片，則是建議搭配廣角鏡頭，可以更容易將人與景拍攝在同一張照片中；還有拍特寫的望遠鏡頭，用來拍喜歡亂跑的孩子亦相當適合(但請留意孩子的安全)，基本上，前往歐洲親子自助旅行時，因為歐洲有相當多世界遺產的建築，建議至少帶廣角與定焦鏡，可以依照環境及現場狀況作搭配。

Happy！

3. 拍旅遊照的構圖

　　相機、鏡頭都有了，該如何拿起相機按快門，在此提供大家幾個拍照時依環境與時間的構圖方法。

(1) 帶景(或帶前景)

　　幫孩子拍旅遊照的構圖，我優先建議拍帶景的照片，因為當我們沒有連景拍進去，就會比較不容易看出這照片到底是去哪裡拍的，而且帶景拍照比較能拍些不同POSE的照片。例如我很喜歡每到一個具有代表性的地方時，就會請Ryan跳起來讓我拍照，這樣不但有拍到景點，而且讓畫面更活潑好看！

1. 在新港板頭村與交趾陶作品一起入鏡，頗有趣味
2. 被爸比抱起來敲鐘，以直式構圖把銅鐘一起入境，就是一張歡樂的父子合照
3. 賞花海時，利用廣角鏡拍下整片花海數大是美的盛況
4. 拍照時把灑滿桐花的步道也一起拍進來，為照片更增添延伸感

135

(2) 特寫

　　除了拍帶景的照片，有時候會想幫孩子拍拍特寫，尤其是淺景深的特寫照。對焦點清楚、對焦點前後都模糊的照片，特別適合在想拍孩子表情或心情，或是凸顯孩子為主題的時候，像是手足之間的舉手投足互動方式，就很適合幫孩子們拍幾張特寫照。

(3) 快照Snap shot

　　通常孩子在外面大都不會乖乖的配合站好給拍，Snap shot就是不干預，讓他自己隨心所欲的奔跑、玩耍，然後再伺機拍下他瞬間的表情及動作，此時建議設連拍，就會拍到其中幾張是清楚的照片，而且或許會有意想不到的佳照哦！

(4) 製造機會，等待拍攝時機

　　雖然小孩大部分時間都是不受控制，但可以用點小技巧拍到想拍的照片，此時就比較屬於前置干預的時候了，大致上都有機會可以知道可能會拍到什麼照片；例如我給Ryan一支霜淇淋，讓他盡情開心的吃著，然後只要等著拍我想拍的畫面即可。

(5) 心情不好時也可以試著拍照紀錄

　　拍照的時機並不是開心歡樂時才要拍，孩子也會有負面的情緒，雖然當他們心情不好、生氣甚至哭的時候，是需要爸爸、媽媽從旁協助理解，但是此時若按下了快門，千言萬緒就在這張照片裡，或許這段回憶會更令人念念不忘。

我不要～～

(6) 拍照角度的不同效果

　　拍照的角度，大致上分成由上往下拍、與孩子同高拍及由下往上拍。其中，由上往下拍就會比較容易拍成大頭狗照，頗富趣味，至於要如何決定拍照的角度，就要視當時的狀況，以及爸爸、媽媽自己想拍出什麼畫面。例如：我想幫Ryan拍一張與櫻花合影的照片，於是請Ryan站在較高處，我蹲低由下往上拍就完成了。

(7)搭配道具的使用

　　帶孩子出遊，可以幫他們準備一些喜愛的道具，例如像布偶或是吹泡泡。尤其是大小朋友都愛的吹泡泡，孩子們只要看見有人吹泡泡，一定都立刻靠過去，並追逐著泡泡，這就是非常適合拍歡樂出遊照的道具。而且如果在拍照時將泡泡視為前景，會讓整張照片更夢幻、更繽紛好看哦！

(8)全家福

　　親子旅遊，除了拍孩子外，別忘了和孩子一起合照甚至是請別人幫忙拍全家福照。這代表一家人一起到此一遊的紀念照。隨著孩子漸漸長大、爸爸、媽媽漸漸變老，我們可以從合照中看出時間所留下的痕跡，每段旅行都是值得珍惜的回憶。

　　其實，拍孩子最真切的表情與畫面，最簡單的法則就是不干預他們，讓他們恣意的跑跑跳跳、四處玩耍(再次提醒，要注意安全！)，我們只要在旁邊陪伴，當想拍的畫面出現時，按下快門，這就是張充滿回憶的好照片。

幫小孩拍照時的貼心小叮嚀

1.不要使用閃光燈

　　拍小朋友(尤其是嬰幼兒)時，因為他們的眼睛尚在發育中，所以建議不要使用閃光燈拍照，即使在一定要補光的狀況下，也要注意跳燈的使用。

2.先觀察光線的變化，選擇合適的角度

　　拍照前建議先觀察現場光線的變化，是早上、傍晚的柔光，還是正中午的強光，是順光、還是逆光，光線是影

相機不放背包，我都是這樣直接掛在身上方便隨時拍照

響照片是否拍得成功的重要因素之一，先學會觀察光線，再掌握光線選擇合適的角度拍照。

3.相機不離手

　　出遊在外，我習慣直接將相機掛在身上，隨時可以補捉孩子的任何畫面，而且也避免相機拿出來又收起來的忙碌狀況，掛在身上也比較不會有遭竊的風險。

太雅帶你
放眼設計

DESIGN

身為太雅出版選題者,完全無法漠視今天中國城市蓬勃發展的藝術活動、激昂發聲的創作力、犀利精準的藝評、國際設計品牌與知名藝廊全數進場⋯⋯在中文的世界裡,如果要獲知新潮深刻的設計創作情報,閱讀到精彩又觀點獨到的評論,必須習慣訂閱中國的雜誌,來自中國的「放眼設計」企劃與作者群是太雅最推崇的,讓這群設計前線的的觀察家帶領你穿梭在世界最美麗的角落!

聯名推薦

李根在 國立台灣科技大學工商業設計系專任助理教授

吳東龍 東喜設計工作室負責人

官政能 實踐大學副校長·工業產品設計學系教授

徐莉玲 學學文創志業董事長

唐聖瀚 Pace Design 北士設計負責人

陳瑞憲 三石建築主持人

馮宇 IF OFFICE負責人

盧淑芬 ELLE雜誌總編輯

蕭青陽 設計人

聶永真 設計師

企│劃│方│向

在中國原名是「漫步設計」,是根據《Design 360°》觀念與設計雜誌改編而來。每本書的城市(或國家),都是世界公認的設計之都或美學大國,內容涵蓋建築、動畫、工業設計、室內設計、平面設計、數位設計、時裝設計和其他行業,本系列可以成為設計院校師生、專業人士、生活美學愛好者不可或缺的優良讀物籍,通過這套圖書擴寬設計的意念和空間。

作│者│實│力

《Design 360°》雜誌是一本「亞洲主流設計雜誌」,以介紹國際先進的設計理念、獨特創意,傑出設計師,設計院校及設計資訊的設計類綜合雜誌。目前已擁有數萬名忠實讀者,成功跨越新加坡、澳大利亞、印度、中國等國家和香港、澳門等地區,更於2009年以來連續兩年榮獲「亞洲最具影響力設計大獎」。2011年白金創意獎首度與《Design 360°》雜誌聯手舉辦,邀請該雜誌的總編輯王紹強擔任評委,全程參與。該雜誌對於傳播世界最新設計理念、創意風潮不遺餘力,深受各界肯定。

用旅行教出自主學習的孩子

作　　者　歐韋伶

總 編 輯　張芳玲
企劃編輯　張芳玲、林孟儒
主責編輯　林孟儒
美術設計　林惠群
封面設計　林惠群

太雅出版社
TEL：(02)2882-0755　FAX：(02)2882-1500
E-mail：taiya@morningstar.com.tw
郵政信箱：台北市郵政53-1291號信箱
太雅網址：http://www.taiya.morningstar.com.tw
購書網址：http://www.morningstar.com.tw
讀者專線：(04)2359-5819分機230

發 行 所　太雅出版有限公司
　　　　　台北市11167劍潭路13號2樓
　　　　　行政院新聞局局版台業字第五〇〇四 號
印　　刷　上好印刷股份有限公司 TEL：(04)2315-0280
裝　　訂　東宏製本有限公司 TEL：(04)2452-2977
初　　版　西元2014年08月01日
定　　價　250元

ISBN 978-986-336-047-6
Published by TAIYA Publishing Co.,Ltd.
Printed in Taiwan
(本書如有破損或缺頁，退換書請寄至：台中市工業30路1號 太雅出版倉儲部收)

國家圖書館出版品預行編目(CIP)資料

用旅行教出自主學習的孩子 / 歐韋伶作. -- 初版.
-- 臺北市：太雅, 2014.08
面；　公分. -- (知言；6)
ISBN 978-986-336-047-6(平裝)

1.自助旅行 2.親子 3.義大利

745.09　　　　　103010473

-- -(請沿此虛線壓摺) - - - -

這次購買的書名是：

用旅行教出自主學習的孩子 (知言006)

＊01 姓名：＿＿＿＿＿＿＿＿＿　　性別：□男 □女　生日：民國＿＿＿＿年

＊02 市話：＿＿＿＿＿＿＿＿＿　　　　手機：＿＿＿＿＿＿＿＿＿

＊03 E-Mail：＿＿＿＿＿＿＿＿＿＿＿＿＿＿＿＿＿＿＿＿＿

＊04 地址：□□□□□＿＿＿＿＿＿＿＿＿＿＿＿＿＿＿＿

＿＿＿＿＿＿＿＿＿＿＿＿＿＿＿＿＿＿＿＿＿

05 你決定購買這本書的主要原因是：(請選出前三項，用1、2、3表示)
　□題材適合　　□封面設計　　□內頁編排　　□內容清楚實用
　□資訊豐富　　□價格合理　　□其他＿＿＿＿＿＿＿＿＿＿

06 你是透過何種管道得知本書的相關訊息？
　□實體書店　　□網路書店　　□電子報　　□廣播節目　　□雜誌
　□網站　　　　□太雅出版社相關文宣品　　□其他＿＿＿＿＿＿

07 你最喜歡本書哪一個章節?原因是?
＿＿＿＿＿＿＿＿＿＿＿＿＿＿＿＿＿＿＿＿＿
＿＿＿＿＿＿＿＿＿＿＿＿＿＿＿＿＿＿＿＿＿

08 你曾經買過太雅其他哪些書籍?
＿＿＿＿＿＿＿＿＿＿＿＿＿＿＿＿＿＿＿＿＿

09 你會建議本書的哪個部分，需要再改進會更好?為什麼?
＿＿＿＿＿＿＿＿＿＿＿＿＿＿＿＿＿＿＿＿＿
＿＿＿＿＿＿＿＿＿＿＿＿＿＿＿＿＿＿＿＿＿

10 你是否已經照著這本書開始操作?使用本書的心得是?有哪些建議?
＿＿＿＿＿＿＿＿＿＿＿＿＿＿＿＿＿＿＿＿＿
＿＿＿＿＿＿＿＿＿＿＿＿＿＿＿＿＿＿＿＿＿

填表日期：＿＿＿年＿＿＿月＿＿＿日

（請沿此虛線裁剪）

填問卷，抽好書
(限台灣本島)

凡填妥問卷(星號＊者必填)寄回、或傳真回覆問卷的讀者，將能收到最新出版的電子報訊息！並有機會獲得太雅的精選套書！每雙數月抽出10名幸運讀者，得獎名單將於該月10號公布於太雅部落格。太雅出版社有權利變更獎品內容，若贈書消息有改變，請依部落格公布為主。活動時間為2014/07/01～2014/12/31

好書三選一，請勾選

□ **放眼設計系列**
(共9本，隨機選3本)

□ **吸血鬼日記1、2**

□ **優雅女人穿搭聖經**
(共2本)

- - - - - - - - - - - - - - - - -

太雅部落格
taiya.morningstar.
com.tw

黏貼裝釘處(請勿使用釘書針)

-(請沿此虛線壓摺)-

廣　告　回　信
台灣北區郵政管理局登記證
北 台 字 第 １２８９６號
免　貼　郵　票

太雅出版社　編輯部收

台北郵政53-1291號信箱
電話：(02)2882-0755
傳真：(02)2882-1500
(若用傳真回覆，請先放大影印再傳真，謝謝！)

-(請沿此虛線壓摺)-

太雅

太雅部落格 http://taiya.morningstar.com.tw

有 行 動 力 的 旅 行 ， 從 太 雅 出 版 社 開 始

(請沿此虛線裁剪)